PROMENADE

HISTORIQUE ET PITTORESQUE

A SAINT-GERMAIN-EN-LAYE.

PROMENADE

HISTORIQUE ET PITTORESQUE

A SAINT-GERMAIN-EN-LAYE;

PRÉCÉDÉE D'UN

ITINÉRAIRE DESCRIPTIF

DE LA ROUTE DE PARIS A CETTE VILLE.

DEUXIÈME ÉDITION.

A S.-GERMAIN,

CHEZ TOUS LES LIBRAIRES.

1834.

PROMENADE

HISTORIQUE ET PITTORESQUE

A SAINT-GERMAIN-EN-LAYE.

ITINÉRAIRE DE LA ROUTE.

Pour se rendre de Paris à Saint-Germain, les voitures que l'on prend le plus communément, sont celles qui partent de demi-heure en demi-heure de la place du Carrousel. Ces voitures, commodes et bien suspendues, transportent en un peu plus de deux heures, le voyageur à sa destination.

En partant du bureau on parcourt

dans toute sa longueur, la belle rue de Rivoli, on se détourne ensuite à gauche, on coupe suivant une ligne oblique une partie de la Place Louis XV, et l'on prend la route de Normandie qui traverse Saint-Germain.

La voiture chemine sur une surface plane jusqu'au rond point des Champs-Elysées; à cet endroit, la route s'élève jusqu'à l'Arc de Triomphe de l'Etoile, qui est le premier monument qu'on trouve au sortir de Paris.

L'Arc de Triomphe de l'Etoile, fut commencé en vertu d'un décret du 18 février 1806, et destiné à perpétuer le souvenir des hauts faits d'armes par lesquels les soldats français s'étaient immortalisés dans les campagnes précédentes.

L'architecte Chalgrin, qui en avait fourni les plans, fut chargé de la conduite des travaux, évalués originairement à la somme de 8,550,000 francs, et la première pierre de cet édifice colossal fut posée le 15 août 1806.

« Les fondations de ce monument,
« dit M. Dulaure (1), retardèrent son
« élévation. Les couches calcaires du
« sol n'offraient point de solidité; on
« fut obligé, après avoir creusé vingt-
« quatre pieds de profondeur, de for-
« mer un sol factice qui pût suppor-
« ter sans danger l'énorme poids de
« cette construction. Ce sol factice fut
« composé de plusieurs assises en
« pierre de taille de grande dimen-
« sion : chacune de ces assises était
« disposée de manière à ce que les
« joints de pierre de l'une ne corres-
« pondaient point avec ceux des as-
« sises qui lui étaient inférieures et
« superposées. Les pierres de ces
« assises présentaient des formes irré-
« gulières, de manière que les angles
« saillants des unes étaient reçus dans

(1) *Histoire civile, physique, et morale de Paris,* t. IX, p. 379, éd. in-12.

« les angles rentrants des autres. Ce
« sol, dans un sens horizontal, offrait
« l'image des constructions antiques
« et verticales nommées *Pélagiennes*
« ou *Cyclopéennes.* »

Lors du mariage de l'empereur Napoléon avec l'archi-duchesse Marie-Louise d'Autriche, quelques-unes des parties du monument s'élevaient à peine au-dessus de terre, lorsque, pour faire plus d'honneur à l'auguste épousée, on imagina de le terminer par des charpentes et des toiles peintes, et de le charger d'emblêmes relatifs à la cérémonie nuptiale qui venait d'avoir lieu. Cinq cents ouvriers travaillant sans interruption, élevèrent un simulacre sous lequel passa le cortége le 2 avril 1810. Ce simulacre coûta au trésor la somme de 501,163 fr. 79 c.

Au 1er janvier 1814, 3,245,742 fr. 72 cent. avaient déjà été dépensés pour les travaux de l'Arc de l'Etoile, lorsque les événements désastreux de cette année les interrompirent le 1ᵉʳ avril. Comme rien n'annonçait qu'ils dussent jamais être repris, on abattit les échafauds. Le bois avec lequel ils étaient bâtis, servit à la toiture du grenier de réserve. On établit depuis un belvéder sur la hauteur d'un des massifs de maçonnerie.

Une ordonnance royale du 9 octobre 1823 « voulant perpétuer le « souvenir du courage et de la disci-« pline dont l'armée française venait « de donner tant de preuves en Es-« pagne, » ordonna la reprise immédiate des travaux de l'Arc de Triomphe de l'Etoile, et une seconde ordonnance du 24 mars 1824 ouvrit un crédit de 300,000 fr. pour le service de la campagne qui commençait; et depuis ce temps des fonds ont été affectés annuellement au budget pour son achèvement.

Rien ne pouvait être réformé dans les proportions sur lesquelles ce monument devait être construit, mais on décida des changements dans les ornements qui devaient le décorer. Les événements de juillet 1830 feront sans doute apporter de nouvelles modifications à ces changements.

Quand on a laissé derrière soi l'Arc de l'Etoile, on descend une pente légère, on trouve à gauche le mur d'enceinte du Bois de Boulogne, et on arrive vis-à-vis de la Porte Maillot.

La PORTE MAILLOT est la principale entrée du Bois de Boulogne, appelé au commencement du VIIIe siècle *Bois* ou *Forêt de Rouvray*, et au milieu du XVe, *Garenne de Rouvray*. Cette porte est célèbre dans l'histoire privée des Parisiens; c'est là que se donnent des rendez-vous de toute espèce. Des rivaux de gloire ou d'amour s'y réunissent pour décider, un peu plus loin dans le taillis, l'épée ou le pistolet à la main, lequel est le plus illustre ou le plus digne de plaire. D'autres, animés d'intentions plus pacifiques et plus gaies, s'y rendent chacun de leur côté pour faire ensemble une promenade à pied ou à cheval, et dîner ensuite chez le restaurateur qui demeure près de la grille : l'on y dîne fort bien, mais l'on paie fort cher.

Le Bois de Boulogne que l'Administration des Forêts continua longtemps à appeler *Bois de Rouvray*, prit son nouveau nom à cette occasion-ci.

Quelques Parisiens pieux ayant fait le pélerinage de Notre-Dame de Boulogne-sur-Mer, bâtirent à leur retour, en 1320, dans le voisinage de Saint-Cloud, que l'on nommait alors les *Menus*, une église, qu'ils appellèrent *Notre-Dame de Boulogne-sur-Seine*. Plusieurs maisons s'élevèrent autour de cette église, et formèrent bientôt un village assez important pour qu'on l'érigeât en paroisse. Le village prit le nom de *Boulogne*, et la forêt qui l'avoisinait fut désignée sous la dénomination de *Bois de Boulogne*, qu'elle conserve encore.

Cette forêt était autrefois beaucoup plus considérable qu'elle ne l'est maintenant. Elle s'étendait d'une part, jusqu'à Saint-Cloud, et de l'autre, jusqu'à Clichy; les rois de France de la première race s'y livraient au plaisir de la chasse, dans le temps qu'ils habitaient leur palais de Clichy. Il est dit dans le *Journal de Charles VI*, que le Bois de Boulogne fournissait le mai que l'on plantait chaque année à la porte de l'hôtel du roi.

Charles IX avait un château ou maison de plaisance dans le Bois de Boulogne. Ce prince, dont les idées étaient quelquefois justes et bien conçues, avait formé le projet d'y établir un vaste cimetière pour les habitants de Paris, dont les restes auraient reposé sous les fleurs et les ombrages de la forêt. Ce projet ne fut point exécuté. François Ier, de retour de sa captivité, fit bâtir dans ce bois, sur le modèle de celui qu'il avait habité en Espagne, un château qu'il appela *Château de Madrid*, et qui, abandonné par Louis XIV, fut démoli à la révolution. Un petit château que Mlle de Charolois se plaisait à habiter dans le Bois de Boulogne, ayant été acheté par le comte d'Artois, depuis Charles X, fut rebâti et nommé *Bagatelle* par ce prince, qui y plaça cette inscription caractéristique :

Parva sed apta.

On a nommé long-temps Bagatelle la *Folie d'Artois*. Sa situation, et le joli paysage qui lui sert de ceinture, sont admirables; jamais, dans un aussi petit espace, on n'a réuni avec plus de simplicité et de goût, l'agrément et la commodité. Le comte d'Artois en ayant fait cadeau à son fils le duc de Berry, cette propriété a dû être vendue par suite du renversement de la branche aînée de Bourbons.

Avant la révolution, le Bois de Boulogne n'était peuplé que d'arbres décrépits et mourant de vieillesse. Quelques cantons seulement où le sol était meilleur, offraient çà et là de jeunes taillis. Quand Napoléon eut choisi le château de Saint-Cloud pour sa résidence d'été, il s'appliqua à rendre au Bois de Boulogne une nouvelle splendeur. Il fit faire d'immenses défrichements, ordonna des semis et des plantations, ouvrit de vastes allées dans toutes les directions, releva les clôtures ; et bientôt replanté en entier d'arbres jeunes et vigoureux, le Bois de Boulogne offrit aux Parisiens une promenade fraîche et agréable, où la classe opulente allait étaler chaque jour le luxe de ses équipages.

En juillet 1815, après la capitulation de Paris, les troupes anglaises ayant établi leur camp dans le Bois de Boulogne, elles rasèrent complétement, pour se faire des barraques, un jeune plant qui promettait une épaisse forêt aux environs de la capitale. Ce qui restait des anciennes plantations, les arbres des allées, le taillis, presque tout tomba sous la hache militaire. Une ville de feuillage remplaça les bosquets naissants.

Quand le calme put enfin renaître, on s'occupa à réparer les désordres commis par les ennemis; on fit des plantations nouvelles qui prospèrent aujourd'hui; aussi la belle société fréquente-t-elle de nouveau sa promenade favorite.

En continuant de la Porte Maillot, jusqu'à Neuilly, et même au-delà du pont, la route est parfaitement unie. A gauche sont des terrains en culture qui ne paraissent que d'un médiocre rapport, et quelques prairies souvent innondées par les eaux de la Seine. A droite se trouve une plaine nue, aride, composée de terrains de transport, sur lequel les rois de France passaient jadis leurs troupes en revue, et où, pendant la révolution, on a fait camper et barraquer les jeunes militaires nommés *Elèves de Mars*.

Dans ces derniers temps, quand des gens de toutes les classes étaient travaillés de la maladie de mettre des pierres les unes sur les autres, on avait entrepris de bâtir sur ce terrain, un village qui devait s'étendre depuis la sortie des barrières de la Capitale, en avant de la Porte Maillot, jusqu'au bord de la Seine, en suivant la route qui aboutit au Pont de Neuilly. Ce village nouveau devait s'appeler *Sablonville*.

« Sablonville, dit Dulaure (1), sera
« plutôt une réunion de jolies maisons
« de campagne qu'une cité, et cepen-
« dant on y trouvera tous les établisse-
« ments publics qui caractérisent une
« ville; en effet, il y aura une église,

(1) *Dictionnaire topographique des environs de Paris.*

« un marché, une boucherie, des abat-
« toirs, des fontaines, des bains, une
« salle de spectacle, et même une ca-
« serne de gendarmerie, puisqu'il est
« maintenant reconnu qu'on ne peut
« pas s'amuser sans gendarmes.

« Le centre de cette nouvelle ville
« sera occupé par une place circulaire,
« au milieu de laquelle, et en face de
« l'église, s'élevera une fontaine prin-
« cipale, ressource bien précieuse dans
« un endroit éloigné de près d'une
« demi-lieu de la Seine. Deux rues
« qui se croisent diagonalement tra-
« versent cette place, et coupent Sa-
« blonville en quatre quartiers bien
« distincts ; l'une d'elles, qui va du
« marché à l'ancienne route de Neuilly,
« a pris le nom de rue de la Barrière
« du Roule ; l'autre, qui part de la
« vieille route pour aboutir à la ro-
« tonde de la Porte Maillot, s'appelle
« rue de Chartres. »

Tel devait être et tel ne sera pas

probablement de long-temps le village projeté de Sablonville, car les travaux sont à peu près abandonnés. Quelques maisons agréables, environnées de jardins et de bosquets, s'élèvent pour rendre encore plus attristantes, la nudité et l'aridité du reste de la plaine. Une machine à vapeur fournit les eaux nécessaires au petit nombre d'habitants qui les occupent.

Quand on a passé Sablonville on arrive à Neuilly, et comme les habitations que l'on rencontre sont alignées des deux côtés de la grande route et cachées par les arbres qui la bordent, on entre dans le village sans presque s'en apercevoir.

Neuilly, nommé au commencement du xiiie siècle, *Portus de Lulliaco*, doit son origine à un port autrefois établi à la place où est le pont, c'est-à-dire vis-à-vis des chemins de Nanterre, Bezons, et autres lieux.

De *Lulliaco* on a formé le nom de

Nully, que le village a porté longtemps, et celui de Neuilly qui lui est resté.

Jusqu'au xviie siècle il n'y avait qu'un bac à Neuilly, et nos rois étaient obligés de le traverser quand ils revenaient de leur château de Saint-Germain à Paris. Voici, à l'occasion de ce passage, une anecdote touchant Henri IV, rapportée par l'auteur du *Mercure Français,* qui prétend en avoir été témoin. « La dernière fois, dit-il,
« que je le vis passer, sans autre garde
« que lui sixième, au bac de Neuilly,
« dans lequel il y avait quantité de
« paysans; il se fourra aussitôt parmi
« eux, et demandait à l'un une chose
« et à l'autre une autre. Il en vit un
« qui avait les cheveux blancs et la
« barbe noire, et lui demanda la rai-
« son de cette différence. Ce paysan
« matois faisait l'ignorant, mais le roi
« le pressant de répondre, il lui dit:
« *Sire, c'est que mes cheveux sont de*

« *vingt ans plus vieux que ma barbe.*
« A cette réponse le roi se mit à rire,
« et la trouva si heureuse qu'il la ra-
« conta depuis plusieurs fois. »

Un accident que Henri IV éprouva en 1606 au bac de Neuilly, en revenant de Saint-Germain avec la reine et quelques courtisans, accident qui est rapporté dans l'*Histoire de la Ville et du Château de Saint-Germain-en-Laye* (1), où l'on peut en apprendre les détails et les suites, détermina ce prince à le faire remplacer par un pont qui devait porter le nom *de Henry*. Ce pont, que Dubreuil appelle *beau et excellent* n'était qu'en bois, et il s'écroula ou fut emporté par les eaux en 1638. Louis XIII le fit relever. Après de fréquentes réparations, comme sous Louis XV il menaçait encore ruine, on pensa à lui donner de la

---

(1) Un fort vol. in-8°. Prix, 7 fr.; et avec les vignettes, 12 fr.; chez Dupré, libraire, à Saint-Germain.

consistance, et à le bâtir en pierre. L'architecte Perronet, chargé de son exécution, en fit un chef-d'œuvre d'élégance, de hardiesse, et de solidité. C'est le premier qu'on ait osé construire sur un plan parfaitement horizontal. Le décintrement en fut fait avec solennité en cinq minutes, en présence d'une foule de curieux, le 22 septembre 1772. Le roi Louis XV y passa le premier en voiture.

Le Pont de Neuilly, dont les parapets sont composés d'énormes blocs de pierre qu'on admire encore aujourd'hui, a 750 pieds de longueur. Il est en parfait alignement avec la grande allée des Tuileries, et se trouve supporté par cinq arches qui ont chacune 120 pieds d'ouverture, et 30 pieds de hauteur sous clef. Les arches très surbaissées, dont l'étonnante courbure seule n'a pas encore été imitée, ne sont qu'une petite portion d'un cercle dont le rayon aurait cent cinquante pieds.

Lors des invasions de 1814 et 1815 le Pont de Neuilly, quoique vivement attaqué par les étrangers, ne fut point enlevé de force. Un petit nombre de soldats, presque tous mutilés et malades, le défendirent avec un courage digne d'une meilleure fortune, et ne le rendirent que sur l'ordre de leurs chefs.

Du Pont de Neuilly on voit au sud le Mont-Valérien, Surène, et Saint-Cloud, dans le fond du tableau. En retour, on découvre Boulogne et Bagatelle. Au nord, en suivant le cours de la Seine, coupé en cet endroit par des îles charmantes, on voit à droite Villiers, Clichy; à gauche, Courbevoie et Asnières. Le village de Neuilly est de construction moderne, et offre un grand nombre de maisons bien bâties. Les plus remarquables sont celles dites de *Sainte-Foy* et de *Saint-James*. La première, construite en 1755 par le comte d'Argenson, est élevée sur plusieurs terrasses qui descendent en amphithéâtre jusque sur la rive gauche de la Seine, et attire les regards par son architecture à la fois simple et élégante. La seconde est une des plus charmantes habitations des environs de Paris. Elle est située sur la rive droite de la Seine, au-dessous du Pont de Neuilly. C'est là que la princesse Pauline, duchesse de Guartalla, menait une vie de délices et de volupté, et donnait des fêtes que la Cour impériale et son frère l'empereur lui-même honoraient quelquefois de leur présence. Elle fait partie aujourd'hui des domaines du roi actuel, qui, par des nouveaux embellissements, en a fait un séjour enchanté. Les travaux que ce prince a fait faire lorsqu'il était encore duc d'Orléans ont, non-seulement donné de nouveaux charmes à sa propriété, mais ont encore assaini l'air de

Neuilly, en créant, par des desséchements, des îles ravissantes aux mêmes places où croupissaient des eaux fangeuses.

Au sortir de Neuilly, on trouve à gauche, en allant à Puteaux, un vallon très pittoresque, précédé d'un bois fort touffu, traversé par un petit sentier et couvert de rosiers que l'on cultive avec soin pour en vendre les fleurs aux distillateurs de Paris. Au milieu est une pièce d'eau dont les bords sont ombragés par des peupliers et des saules. Ce petit bois, très solitaire, sert souvent de but aux promenades des Parisiens, qui viennent y manger les mets qu'ils ont apportés de la ville. Lorsque les rosiers sont en fleurs, ce vallon écarté est vraiment délicieux.

Au bout du Pont de Neuilly se présente une côte assez rude; le voyageur la gravit d'abord en suivant une ligne droite, puis se détourne à gauche quand il est près du sommet. Encore quelques pas, et il parvient sur une espèce de plate-forme naturelle, voit un grand terrain vide entouré d'arbres, et où aboutissent diverses routes ; ce terrain est le Carrefour ou Étoile de Courbevoie.

De ce lieu élevé on jouit d'un très beau point de vue. En se retournant, faisant face à Paris, on découvre au bas et à l'est, Neuilly et l'Arc de Triomphe. Puis, à gauche de ce monument, Montmartre, Saint-Denis ; et à dix lieues d'éloignement, Dammartin, que l'on distingue facilement avec une longue vue.

Au nord est une route ou avenue plantée d'arbres, qui conduit aux casernes de Courbevoie ; après les casernes, se distingue, à quatre lieues et à l'horizon, le village de Montmorenci. Au nord-ouest, se rencontre la route de Bezons, qui conduit à Rouen par Pontoise ; on aperçoit sur le premier plan, Houilles, Sartrouville, et Maisons ; dans le lointain apparaissent Argenteuil, Cormeil, Herblay, Montigny, Sannois, etc. Au sud le Mont-Valérien, Saint-Cloud, Meudon, Vanvres, Clamard; au sud-est et à trois lieues de distance, la côte de Châtillon. En quittant l'étoile de Courbevoie, où est le relais de la poste aux chevaux, et continuant sur la gauche, on suit une route unie, et l'on passe à côté de *Chant-de-Coq*, qui se trouve dans les terres.

Ce lieu n'a rien de remarquable, si ce n'est son nom, que les étymologistes ont vainement cherché à expliquer; c'est un hameau de l'arrondissement de Saint-Denis, dépendant de Puteaux. Il y avait autrefois dans cette petite commune un moulin qui portait le même nom, et qui a été transformé en ferme.

C'est à la hauteur de ce moulin, que deux cents hommes environ de la

Garde Nationale de Saint-Germain, qui allaient, le 13 vendémiaire an IV, au secours des sections de Paris, furent désarmés et dispersés par des dragons et des hussards de la Convention Nationale (1).

En quittant le voisinage de Chant-de-Coq, la route s'abaisse doucement après avoir fait un coude à droite, et l'on arrive au village de Nanterre, situé presqu'en totalité à la droite du voyageur, et qui se trouve à peu près à moitié route de Paris à Saint-Germain. Les conducteurs de voitures arrêtent ordinairement là pour faire reprendre haleine à leurs chevaux, et les voyageurs peuvent faire emplette de gâteaux fort en renom, mais qui ne méritent guère leur réputation.

NANTERRE, appelé en latin *Nemetodorum, Nemptodorum, Nanturra, Nan-*

---

(1) *Histoire de la Ville et du Château de Saint-Germain*, page 209.

terra, et en français *Nantuerre*, puis *Nanterre*, est un des lieux les plus anciennement habités aux environs de Paris. On ne peut dire de combien il est antérieur à l'établissement de la religion chrétienne dans la Gaule, mais on a une preuve de son existence au v⁰ siècle. En 420, vivait dans son enceinte une jeune vierge qui, selon les légendaires, gardait les moutons de son père sur les bords de la Seine, quoique née de Sévère, riche seigneur, possédant sept à huit villages aux environs de Nanterre, sa résidence habituelle. Cette vierge, que l'église a honorée depuis sous le nom de Sainte-Geneviève, fut distinguée cette année-là, dans la foule accourue pour la voir, par Saint-Germain, évêque d'Auxerre, qui passait à Nanterre pour se rendre en Angleterre. Le prélat l'appela à lui, la mena à l'église, lui remontra avec tant d'éloquence le néant des vanités humaines, qu'il la décida à faire le lendemain vœu de virginité et de profession religieuse entre ses mains. Pour l'affermir dans la pieuse détermination qu'elle venait de prendre, il la dépouilla des ornements profanes qu'elle portait au cou, à l'imitation des filles du monde, et y substitua une pièce de cuivre sur laquelle était gravée l'image d'une croix.

L'abbé Le Beuf n'ose rien décider sur la naissance et l'état de Sainte Geneviève, ni assurer qu'elle portât au ve siècle le nom sous lequel elle est connue de nous. Ce n'est même que par concession aux idées modernes qu'il admet qu'elle a été bergère. Malgré cela, il est d'usage de regarder aujourd'hui comme prouvé, ce que l'auteur de l'*Histoire du Diocèse de Paris* considère comme douteux, et de représenter la vierge de Nanterre armée d'une quenouille, et filant en gardant les moutons.

Depuis cet événement jusqu'en 591,

il n'est plus fait mention de Nanterre dans nos vieilles chroniques. Cette année-là, le fils de Chilpéric, roi de Soissons, orphelin depuis 584, n'avait pas encore reçu le baptême; Gontran, son oncle, roi de Bourgogne, quitta ses états, et se rendit à Paris, puis à la maison royale de Ruel pour faire lui-même régénérer son neveu par les eaux saintes. La cérémonie eut lieu à Nanterre, Gontran fut le parrain du jeune prince, et lui imposa le nom de Clotaire qu'avait illustré son aïeul. Grégoire de Tours, qui vivait alors, rapporte que le roi de Bourgogne en tenant son neveu sur les fonts de baptême, lui adressa ces paroles : « Crois- « sez, mon enfant, devenez digne du « grand nom que vous portez, et « soyez aussi puissant que Clotaire. » Ce vœu, que Gontran formait ainsi aux dépens de ses héritiers personnels, reçut son plein accomplissement, et le fils de Chilpéric, sous le nom de Clotaire II, réunit en lui seul, l'an 613, les trois royaumes, dont à sa naissance se composait la monarchie française. Grégoire de Tours ajoute qu'après la cérémonie, le roi de Bourgogne servit son neveu à table et le combla de présents.

Lors de l'invasion de cette partie de la France, par Edouard III, roi d'Angleterre, en 1346, Nanterre subit le sort de tous les environs de Paris, et fut incendié; cependant, il paraîtrait qu'il ne périt pas entièrement ou qu'il sortit promptement de ses ruines, car Froissard rapporte que le duc de Normandie, fils aîné de Philippe de Valois, qui fut depuis le roi Jean, épousa le 19 février 1349, Jeanne de Bourgogne, veuve de Philippe, fils d'Eudes, duc de Bourgogne, à Sainte-Geneviève, près de Saint-Germain-en-Laye, ce qui ne peut s'entendre que de la chapelle qu'on avait élevée, à Nanterre, à Sainte-Geneviève, et dont nous parlerons ci-après. En 1411 les Anglais, réunis au parti des Armagnacs, prirent une seconde fois Nanterre, et se signalèrent par des excès inouis. L'auteur anonyme de la Vie de Charles VI, rapporte qu'ils pendirent, noyèrent la plupart des habitants, et exigèrent de ceux à qui ils laissèrent la vie, des rançons que tous leurs biens ne pouvoient suffire à acquitter.

L'église de Nanterre est sous le vocable de Saint-Maurice, c'est un édifice bâti à diverses époques et par portions. La tour, au côté méridional du chœur, paraît du temps de Philippe-le-Bel, vers l'an 1300; le sanctuaire peut avoir été construit de 1400 à 1500; la nef semble être postérieure à cette date; et le frontispice est de 1638. Cette église, du reste, n'est remarquable que par son antiquité.

¶Il existait une chapelle construite dans le XIe, ou le XIIe siècle, sur l'emplacement même, si l'on en croit la tradition, qu'occupait la maison de Sévère, père de la sainte. Auprès se trouvait enfermé un puits, celui sans doute dont il est parlé dans la légende de Sainte-Geneviève, et dont les pélerins buvaient autrefois dévotement les eaux.

Dans le xve siècle une confrérie s'était réunie dans cette chapelle, mais la guerre ayant dispersé les confrères, ils furent réunis en 1495 par Jean Simon, évêque de Paris. Ils cessèrent d'exister, on ne sait à quelle époque.

La chapelle de Sainte-Geneviève fut le but de plusieurs visites et donations pieuses. En 1625, Henriette Marie de France, reine d'Angleterre, y vint faire ses dévotions et donna des étoffes précieuses; et la maréchale de Vitri, une lampe d'argent et du linge. Louis XIII, à son retour de Savoie, y vint en 1630 remercier Dieu de la guérison d'une maladie qu'il avait eue à Lyon, et dont il avait été délivré par l'intercession de la Vierge de Nanterre. Anne d'Autriche, qui demandait un fils à tous les saints du calendrier, y vint en 1636 adresser des prières et offrir de riches présents de linge et d'argenterie. Quoiqu'il paraît peu convenable que Geneviève qui avait vécu et était morte vierge, se mêlât d'une chose à laquelle elle ne devait pas s'entendre, par son intercession, et probablement avec l'aide de quelques secours humains, la reine donna naissance à Saint-Germain deux ans après, le 5 septembre, à un fils qui fut depuis Louis XIV.

Nanterre fut autrefois un lieu fortifié, entouré de murs, et flanqué de tours. Ces fortifications, dont on voit encore quelques débris, ont été depuis la révolution, remplacées par des promenades plantées d'arbres. On y compte aujourd'hui environ 3,000 habitants qui se livrent à quelque industrie, et font un commerce assez considérable de porcs vivants et morts. Le territoire peu fertile, est depuis un temps immémorial, consacré à la culture de la vigne, et fournit encore des légumes, des fruits, et beaucoup de roses, que l'on vend à Paris. Plusieurs carrières en exploitation livrent aux constructions de très bonne pierre à bâtir. Nanterre est un chef-lieu de canton de l'arrondissement de Saint-Denis, département de la Seine, le siége d'une justice de paix, la résidence d'une brigade de gendarmerie. Il y a une poste aux lettres.

La route de Paris à Saint-Germain prend, à Nanterre deux directions différentes, qui aboutissent presqu'au pied de la Côte de Saint-Germain ; celle de Ruel, que suivent les diligences, et celle de Châtou, que prend la malle-poste.

Nous allons continuer notre voyage par la première, et nous arriverons à Ruel.

On trouve le nom de ce bourg écrit en latin de dix à douze manières dans les anciennes chartres. Il est appelé alternativement *Ruoilus, Ruolius, Crioilus, Riogilus, Rigoialus, Rodalius, Rotoaïlus, Ruellius,* etc.; et en français, *Rueulle, Rucille, Ruelle, Ruel,* etc. L'existence de Ruel remonte à une très haute antiquité, et dès les premiers temps de la monarchie, les rois de France y avaient un château, ou maison de campagne. Ce fut dans cette maison, qu'en 550, Chilpéric attendit la visite que devait lui faire Lubin, évêque de Chartres. En passant à Nanterre, nous avons dit que ce fut la maison royale de Ruel que Gontran, roi de Bourgogne, venu pour présenter au baptême son neveu Clotaire, choisit pour sa résidence. Saint-Ouen, auteur de la Vie de Saint-Eloi, dit que ce fut à Ruel que le saint présenta en 636, Judimel, roi de Bourgogne, au roi Dagobert II, fils de Clotaire II.

Dans un livre des miracles de Saint-Denis, rédigé au ixe siècle, il est parlé d'un orage qui entraîna dans la Seine plusieurs effets de cette habitation royale, où demeurait Gérard, comte de Paris, sous le règne de Pepin.

Les rois de France possédèrent toujours pleinement la terre de Ruel, à l'exception d'une pêcherie dont nous parlerons à l'article La Chaussée. En octobre 873, Charles-le-Chauve donna cette terre à l'abbaye de Saint-Denis, avec le droit de pêche jusqu'à l'endroit où le ruisseau qui vient de Chambourcy se jette dans la Seine. Louis XIV, en 1684, la racheta de l'abbaye de Saint Denis, et la donna avec la seigneurie du lieu aux dames de Saint-Cyr.

L'Eglise de Ruel tomba en ruine, et fut rétablie à différentes époques. Sa dernière construction date de 1584. Antoine de Portugal se trouvant sur les lieux avec ses fils, Don Emmanuel et Don Christophe, en posa la première pierre, et pour conserver le souvenir de cette circonstance, on grava ses armes parmi les ornements de l'Eglise. Le portail est dû à la munificence du cardinal de Richelieu, qui habita long-temps Ruel, comme nous le verrons plus bas. Le vaisseau de l'église, assez bien bâti, commence à s'éloigner du gothique, et rappelle l'architecture en usage en France sous les règnes de François Ier et de Henri II. Quant au portail, élevé par l'architecte Mercier, qui a fait celui de la Sorbonne, il est orné des deux ordres dorique et ionique, et se distingue par son élégance et sa solidité. Les armes du célèbre cardinal décoraient ce portail, qui est précédé d'une place qui permet de voir parfaitement le monument. En bâtissant, en 1584, on conserva le clocher de l'ancienne église, qui est en pierre et de figure octogone. On remarque dans cette église un monument élevé à la mémoire de l'aimable et douce impératrice Joséphine par ses enfants.

Ruel est devenu célèbre pour avoir été le séjour de Richelieu, roi, de France, et de Navarre, sous le nom de Louis XIII. Ce ministre ayant acheté d'un nommé Moisset, riche bourgeois de Paris, un château qui venait d'être bâti, et déjà, selon Sauval, très remarquable par sa magnificence et par l'étendue et la beauté des jardins, y ajouta des embellissements nouveaux, et en fit tout ce que peut en faire un homme qui dispose de la fortune d'un royaume. Quand il y eut fixé sa résidence, les seigneurs qui travaillaient sous ses ordres et formaient sa cour, firent à Ruel des constructions nombreuses, et ce village obscur devint un lieu important, prit le titre de ville, qu'il conserva tant que dura le ministère du cardinal, et long-temps encore après.

Dubreuil pense que Moisset avait fait bâtir ce château qui subsiste encore, sur les ruines de l'ancien palais abbatial de Saint-Denis. Richelieu en augmenta considérablement les jardins, et y ajouta de nombreux bâtiments pour loger sa suite. Il fit construire une espèce de forteresse ou de donjon, où il enfermait tous ceux qui alarmaient son ombrageuse ambition. On ajoute qu'il fit pratiquer dans une pièce séparée une trape mobile qui, s'ouvrant tout-à-coup, précipitait un malheureux proscrit par sa haine, dans un gouffre creusé dans les souterrains du château, et appelé *oubliettes*. C'est ainsi, dit-on, qu'il fit disparaître sans bruit et avec un secret impénétrable, plusieurs de ses victimes. Le maréchal de Marillac fut, dans ce château, condamné par des commissaires pour des choses qui, selon Richelieu lui-même, qui avait commandé sa mort, n'aurait pas suffi pour faire fouetter un page.

Après le décès de Richelieu le château de Ruel passa à la duchesse d'Aiguillon, sa nièce, à qui il l'avait légué par testament du 23 mai 1642. Pendant la minorité de Louis XIV, la Cour, chassée de Paris par les troubles de la fronde, y vint chercher un asile en 1648 ; et en 1649, fugitive une seconde fois, et réfugiée à Saint-Germain, elle y ouvrit le 2 mars des conférences avec les députés du parlement.

Le château de Ruel échut de la duchesse d'Aiguillon au duc de Richelieu, puis aux Ursulines de la communauté de Saint-Cyr, devenues Dames de Ruel. Vendu comme propriété nationale, en 1793, lors de la suppression de l'établissement de Saint-Cyr, après avoir passé par plusieurs propriétaires successifs, il fut acheté par le maréchal Masséna, qui le fit réparer, et qui replanta le parc avec magnificence.

Sur le bord de la route, et en avant du village de Ruel, on remarque une magnifique caserne d'infanterie, bâtie en même temps, et sur le même plan que celle de Courbevoie, précédée par une vaste cour, fermée par une grille élégante ; elle est formée de trois corps de bâtiments, dont le principal est en face de la route, et les deux autres, l'une à l'est, et l'autre à l'ouest, en retour du côté de Ruel.

Ruel, situé au bas d'un côteau, dans une position extrêmement avantageuse, conserve un air de ville. On y trouve un grand nombre de sources abondantes. Le territoire, planté en partie en vignes depuis long-temps, produit, outre du vin, une grande abondance de légumes d'une excellente qualité.

Ruel appartient au canton de Marly-le-Roi, arrondissement de Versailles, département de Seine-et-Oise.

La route de Paris à Saint-Germain ne traverse qu'une très petite partie de Ruel, dont le village est placé presque tout entier à la gauche du voyageur. Les maisons qui bordent la route sont presque toutes nouvellement construites. On remarque, à gauche, quelques maisons de campagne, puis un château de peu d'apparence, un parc, des jardins autrefois magnifiques, aujourd'hui divisés en partie et déserts, et toujours remplis de grands souvenirs ; ce sont le château, le parc, et les jardins de Malmaison.

En 1244, MALMAISON, qui devint un des plus célèbres châteaux des environs de Paris, et fut une des résidences impériales, n'était qu'une simple grange, ou une ferme dépendante de la paroisse de Ruel. On la nommait *Mala Domus, Mala Mansio,* parce que c'est un des lieux où les Normands débarquèrent au ɪxᵉ siècle. Comme ces hommes farouches commirent de grands ravages aux environs de Paris, Malmaison reçut un de ces noms de malédiction que les habitants donnaient aux cantons qui les avaient reçus les premiers. Selon Le Bœuf, « en « 1622, Christophe Perrot, conseiller au « Parlement, était seigneur de ce lieu. « On trouve, dès le xɪvᵉ siècle, des « hommages de ce fief rendus à l'ab- « baye de Saint-Denis, et que Guy, « abbé, a donné le même lieu aux « abbés de Saint-Denis, à la charge « de son anniversaire. »

Au commencement de la révolution, Malmaison, qui n'avait été, jusque-là, qu'une habitation obscure et sans réputation, devint un des plus agréables séjours des environs de Paris. C'est là que Delille traduisit une partie des *Géorgiques*. Vendue en 1792, Malmaison fut achetée, comme propriété nationale, par le Coulteux de Canteleu, alors banquier, et, depuis, sénateur; puis devint la propriété de Joséphine Tascher de la Pagerie, veuve Beauharnais, qui s'y retirait lorsque son second époux suivait le cours de ces victoires qui devaient en faire l'un des hommes les plus étonnants qui aient apparu sur la terre. C'est à Malmaison, si l'on en croit ce qui a été écrit, que fut méditée, résolue, et préparée la journée du 18 brumaire.

Devenue impératrice, Joséphine se plut beaucoup à Malmaison; elle y résida souvent, y donna des fêtes, et y fit de grands embellissements. Elle y forma une galerie de tableaux et de statues, une ménagerie, une école d'agriculture théorique et pratique; enfin, un jardin botanique. Entre ses mains, la *Mala Mansio* du moyen âge devint un séjour enchanté.

Quand la politique et le besoin d'affermir une dynastie naissante, firent descendre du trône la femme que les Français aimaient tant à y voir assise, ce fut à Malmaison qu'elle vint chercher des consolations et du courage, et ce fut là qu'un époux, qui ne pouvait point l'oublier, vint souvent demander, pour consolider sa grandeur, les conseils qui l'avaient autrefois préparée.

En 1814, l'empereur de Russie vint plusieurs fois à Malmaison visiter Joséphine. Le 26 mai, après un dîner qu'il avait accepté, il désira se promener dans les jardins; Joséphine, déjà enrhumée et trop légèrement vêtue, voulut l'accompagner, et resta long-temps à lui montrer les curiosités de son habitation. Pendant cette longue promenade, un refroidissement la saisit, sa maladie prit un caractère alarmant; trois jours après elle n'était plus.

Après la funeste journée de Waterloo, Napoléon se rendit à Malmaison le jour qui suivit son abdication, le 23 juin 1815, avec la reine de Hollande, la princesse Hortense. Un détachement de toutes armes de la garde impériale, faisait le service autour de sa personne sous les ordres du général Beker. Il en partit le 29 du même mois pour aller demander à l'Angleterre l'hospitalité qu'elle lui a si *généreusement* accordée.

Le 1er juillet suivant, les Prussiens et les Anglais, furieux d'avoir manqué Napoléon, qu'ils comptaient faire leur prisonnier, se vengèrent sur Malmaison d'une manière qui couvre d'opprobre des peuples civilisés. Le vieux Blucher donna un signal qui fut suivi d'une dévastation complète. Les statues de Canova, de Cartelier, de Lemot, et les tableaux de Vernet, de Taunay, de Richard, de Berré, furent détruits par le sabre et la baïonnette.

Malmaison, devenue la propriété du prince Eugène, fut tout-à-fait abandonnée, et une partie des jardins et du parc fut sillonnée par la charrue. Cette propriété a été vendue à la mort de ce prince, et divisée par lots.

Quand on a passé Malmaison, on trouve, du même côté de la route, le pavillon de la JONCHÈRE, charmante maison de campagne dépendante de la commune de Bougival, située sur le haut de la colline qui s'étend jusqu'à la Celle-Saint-Cloud. Elle jouit, sur la Seine, d'une vue magnifique; le parc, qui longe la grande route, n'est séparé de celui de de Malmaison que par un chemin. De ce point, on suit une route parfaitement unie qui côtoie la rive gauche de la Seine, sur l'emplacement d'un antique château, que les traditions historiques font remonter à Henri IV, et qu'elles mettent au nombre des habitations de Gabrielle d'Estrés, s'élèvent plusieurs maisons de campagne élégantes. Le village appelé La Chaussée vient ensuite. Ce lieu était autrefois nommé *Charlevanne*, nom emprunté à une pêcherie que Charles Martel y fit construire dans la Seine, et qu'en 817, Louis-le-Débonnaire donna à l'abbaye de Saint-Germain-des-Prés, et à son abbé Irminon. Charlevanne qui, ainsi qu'on le voit, est d'une antiquité fort reculée, s'appelait alors *Karoli-Venna*.

En 846, sur la fin du carême, selon Le Bœuf, les Normands débarquèrent à Charlevanne, d'où ils montèrent jusqu'à la Celle, et tâchèrent de réduire en cendres l'église de Saint-Pierre et celle de Saint-Germain. Le roi Charles-le-Chauve vint à leur rencontre, et, à son arrivée, ils traversèrent la Seine, et se retirèrent sur Chatou.

Le territoire de Charlevanne s'étendait alors fort loin. Louis-le-Gros ayant voulu faire bâtir un château fort sur une portion de ce terrain pour couvrir les environs de Paris, rencontra quelques obstacles de la part des religieux de Saint-Germain, et il ne parvint à les lever qu'au moyen de concessions (1).

Dès l'an 1224, il y avait une léproserie qui formait une espèce de communauté, et dans laquelle quinze paroisses avaient droit d'envoyer leurs malades. Thibaud de Marly, par testament, en 1266, mit cette léproserie à la tête de celles auxquelles il léguait à chacune quarante sols. Il paraît que l'établissement était riche, car, en 1366, il y eut une contestation entre l'évêque de Paris et le procureur du roi, pour savoir à qui appartenait, ou au roi ou à l'évêque, le droit de pourvoir à cette léproserie. On ne sait comment se termina le débat. Cependant, on voit, en 1531, 1538, etc., des nominations faites par l'évêque, ce qui autorise à croire qu'il gagna la cause.

(1) *Hist. de la Ville et du Château de Saint-Germain-en-Laye*, pag. 10.

Charlevanne n'est plus connu aujourd'hui que sous le nom de La Chaussée. Il tient sans doute ce nom de la chaussée qui conduisait de Carrières et du Mesnil à Bougival et à Ruel, et qui disparut en partie lorsque Henri IV fit construire le Château-Neuf de Saint-Germain (1). Ce village dépend de la commune de Bougival.

On ne peut savoir jusqu'où remonte l'antiquité de BOUGIVAL, mais on a la preuve certaine qu'il existait déjà au XIIIe siècle. Un monument de 1226 nous apprend qu'un chevalier du nom d'Adam de Bougival, et quelquefois de Bachivalle, vivait du temps de Saint-Louis, et possédait à Baillel, des dîmes dont il fit part à l'abbaye de Notre-Dame-du-Val; il dépendait au XVe siècle d'un seigneur qui était procureur-général, nommé Gilles Bourdin, et en 1683 du comte d'Any, le-

(1) *Hist. de la Ville et du Château de Saint-Germain-en-Laye*, pag. 98.

quel vendit, de concert avec sa femme, la terre de Bougival au roi Louis XIV.

L'église de Bougival, qui date du XIIIe siècle, est sous le titre de la Sainte-Vierge, et reconnaît pour second patron saint Avertin, que l'on invoquait contre les maux de tête. Dans le fond d'une chapelle, spécialement consacrée à ce second protecteur du lieu, on voyait son buste en bois doré, et sous ce buste une capsule pleine de ses reliques. Mais la principale était un morceau de son chef, enchâssé dans la tête de la figure dont nous venons de parler, et qu'on apercevait au travers d'un cristal.

A l'extrémité occidentale de cette église, qui est petite et bien bâtie, se voyait autrefois sur un marbre blanc, l'épitaphe de l'inventeur de la machine de Marly, qui, après s'être vu enlever l'honneur et le profit de sa découverte, termina à Bougival une vie abreuvée de dégoûts et d'amertume.

Sa femme, qui lui survécut de six ans, fut inhumée à côté de lui, et l'épitaphe, qui portait aussi son nom, était ainsi disposée :

<blockquote>
Cy gissent honorables personnes,
Sieur Rennequin Sualem,
Seul inventeur de la machine de Marly,
Décédé le 29 juin 1708, âgé de 64 ans;
Et
Dame Marie Nouelle, son épouse,
Décédée le 14 mai 1714, âgée de 84 ans.
</blockquote>

Lors de la révolution, ce monument fut enlevé de l'église; il est placé aujourd'hui dans la salle d'un cabaret, près de la machine de Marly, où on le voit encore.

Bougival fait partie de l'arrondissement de Versailles et du canton de Marly-le-Roi. Ses habitants se livrent principalement, et depuis un temps reculé, à l'exploitation de la craie.

Les maisons de campagne qui bordent la route, à gauche, sont charmantes; cette côte s'embellit, chaque année, de quelques constructions nouvelles dans une position heureuse.

Nous arrivons au lieu où s'élevait cette célèbre et immense machine hydraulique, qui fut construite sous Louis XIV, et que les étrangers venaient admirer avec un étonnement presque mêlé de respect. Ce gigantesque travail avait pour but d'alimenter d'eau la ville, les jardins, et le parc de Versailles, et plusieurs habitations royales. Les frais énormes que coûtait son entretien, ont fait penser à lui substituer un autre moyen d'ascension.

Nous avons dit à l'article de Bougival, que l'église de ce village avait reçu les restes de Rennequin Sualem, liégeois, inventeur de la machine de Marly, mort de chagrin après s'être vu dépouiller des honneurs et du profit de cette découverte. Ces honneurs et ce profit ne furent pas perdus pour tout le monde. Celui qui les recueillit fut un chevalier Deville, simple exécuteur des plans d'un pauvre étranger, né avec le génie de la mécanique, mais qui, si l'on en croit ce qu'on a écrit sur son compte, ne savait même pas lire. Voici ce qu'on trouve à cette occasion, dans les *Mémoires de Dangeau*, à la date du 3 juillet 1686 :

« Le roi donna cent mille livres à
« M. le chevalier Deville, qui a fait la
« machine qui élève la rivière de Seine ;
« et outre cela, Sa Majesté a augmenté
« de deux mille livres sa pension, si
« bien qu'il a huit mille livres de pen-
« sion, car il y a quatre à cinq ans
« qu'il a deux mille écus. »

Il est inutile d'entrer dans des détails sur l'appareil de l'ancienne machine, dont il ne reste plus que les barrages et la chaussée, qui empêchent la navigation sur le bras méridional de la Seine. Il suffit que le voyageur sache que la détérioration de cette ingénieuse machine entraînait à des dépenses onéreuses, et que son produit diminuant chaque année, on craignait son anéantissement. Il fallut donc s'occuper, ou d'en rectifier le mécanisme trop compliqué, d'après nos connaissances actuelles, ou même de la remplacer.

Des prix furent offerts à ceux qui donneraient les meilleures idées; des plans furent adoptés, mais la révolution vint en arrêter l'exécution. Sous le gouvernement impérial on fit un appel à tous les ingénieurs en hydraulique, nationaux et étrangers, et on les invita à concourir à cette œuvre importante. On parut d'abord donner la préférence au bélier hydraulique de Montgolfier; on s'occupa même de 1808 à 1810, des travaux préparatoires à son établissement. On l'abandonna pour un projet que présenta en 1812 un ingénieur allemand; puis, enfin, MM. Perrier firent définitivement adopter le système des machines à vapeur.

On commença donc de nouveaux travaux, lorsque les invasions étrangères y apportèrent une interruption momentanée; on les reprit à la paix. Maintenant ils sont achevés, et la pompe à vapeur est en pleine activité; mais comme elle nécessite de temps en temps des améliorations ou des réparations, on laisse exister encore, et l'on fait marcher une machine hydraulique de l'invention de M. Martin, ingénieur, qui, concurremment avec M. Cécile, a construit la pompe dont le voyageur peut admirer l'élégance du bâtiment.

Si la vue se porte sur les hauteurs de la colline au pied de laquelle la pompe est construite, on remarquera le pavillon de *Luciennes*, ou *Louveciennes*, qui fut bâti par madame du Barry, maîtresse de Louis XV : les meubles et les ornements de ce petit palais étaient d'une richesse et d'une recherche remarquables. C'est encore aujourd'hui une fort jolie dépendance de la propriété de M. Pierre Lafitte; on y jouit d'un point de vue admirable.

Sur le sommet de la Côte, se voit l'aquéduc qui en porte le nom, et qu'on appelle aussi *aquéduc de Luciennes*. Cet ouvrage, digne par sa construction simple, solide, et majestueuse, d'être comparé à ce que les Romains ont élevé dans ce genre, est composé de 36 arcades et long de 330 toises; aux deux extrémités sont deux châteaux d'eau. Par le jeu de la machine à vapeur, et de la machine hydraulique qui la seconde, l'eau de la Seine est élevée à la hauteur de 500 pieds, et de là amenée dans les réservoirs qui alimentent les fontaines de Versailles et une partie des jets et cascades du château.

En quittant la machine, nous passons devant le *Bas-Prunay*, hameau composé de quatre ou cinq maisons de peu d'apparence, et en face duquel, de l'autre côté de la Seine, est la ferme de l'île la *Loge*, placée d'une manière pittoresque.

Après le Bas-Prunay on trouve un château bâti à mi-côte, et d'un assez mauvais goût, qui, après avoir appartenu à la princesse de Conti, était, à la révolution, entre les mains d'un agioteur qui s'était enrichi, et qui, après avoir possédé une fortune de plus de deux millions, est mort fou, et à peu près insolvable. Ce château appartient aujourd'hui à la marquise de Feretti; c'est la première propriété du Port-Marly. Ce village, avant la révolution, était un hameau dépendant de Marly-le-Roi. Ayant reçu des accroissements, il est devenu une commune, et il possède une administration séparée. Il fait partie de l'arrondissement de Versailles, et appartient au canton de Marly-le-Roi.

Port-Marly n'a rien de remarquable par son antiquité. Son nom dit assez qu'il est un point d'arrivage pour les bateaux qui remontent la Seine, et qui portent des marchandises pour Versailles. On y voit quelques maisons de campagne assez agréables.

Après le château dont nous avons parlé, on laisse à gauche une route qui conduit à *Marly*, village assez joli, qu'on ne peut apercevoir de là, et où il existait un château magnifique.

Nous passons bientôt entre des chantiers de bois et des fours à plâtre, pour nous éloigner, en tournant à gauche, des rives de la Seine, et nous nous trouvons sur la route de Versailles à Saint-Germain, que nous suivons à droite, en passant devant une maison de campagne, appelée la *Folie Gaury*, propriété qui est aujourd'hui à M. le contre-amiral de Montcabrié. Enfin, nous laissons au nord, à droite, la route qui va, par le Pecq et Chatou, regagner Nanterre; en face, à gauche, est un petit sentier qui conduit à Marly-le-Roi, à travers les vignes.

Après un court espace, nous arrivons au pont à bascule, établi en bas de la côte qui conduit à Saint-Germain; ici la route se prolonge encore, en laissant à droite la côte, pour rejoindre à cent pas de là le chemin qui va à gauche à Mareil, et qui, à droite, est l'ancienne route de Paris en Normandie par Fillancourt (1).

SAINT-GERMAIN-EN-LAYE.

Avant de reprendre notre itinéraire, et d'introduire le voyageur à Saint-Germain, je crois devoir lui donner quelques notions historiques sur cette ville, et lui dire quelle en est l'origine, et comment elle est graduellement

(1) *Histoire de la Ville et du Château de Saint-Germain-en-Laye*, pag. 239.

parvenue au point où elle est aujourd'hui. Le plateau sur lequel est situé Saint-Germain, et toute la côte, étaient dans le VII*e*, le VIII*e*, et le IX*e* siècles, couverts de bois sombres et mystérieux qui se nommaient la forêt de *Laye*, laquelle était un démembrement d'une autre beaucoup plus considérable, qui s'appelait la forêt d'Iveline. Des défrichements opérés mirent à découvert quelques terres qui furent livrées à la culture, et au bas de la côte se forma le village du Pecq, dont les fidèles se réunissaient dans une église dédiée à Saint-Vandrille, la seule qui se trouvait dans ces cantons. Le roi Robert, qui se plaisait à composer des hymnes religieuses, à les chanter avec les moines, et qui aimait particulièrement à fonder des églises et des chapelles, conçut et exécuta, vers l'an 1015, le projet de construire sur le côteau du Pecq une église qu'il plaça sous l'invocation de Saint-Vincent, martyr, et de Saint-Germain, évêque de Paris. Il dota son institution naissante de divers priviléges et concessions; ses successeurs l'imitèrent. Mais malgré tant de soins et de générosité, elle languit long-temps ignorée, et en 1220 elle ne comptait que deux religieux, qui n'étaient connus que de Dieu et de quelques paysans des environs.

De nouvelles libéralités de la part de nos rois, ayant fait de l'église de Saint-Vincent et de Saint-Germain un bénéfice qui valait la peine d'être sollicité, elle devint un sujet de discorde entre l'évêque de Paris et les bénédictins de l'abbaye de Colombs, qui s'en prétendaient les uns et les autres, à divers titres, les propriétaires. Une transaction concilia tout, et l'Eglise contestée resta, à de certaines conditions, aux moines de Colombs, qui l'érigèrent en prieuré.

C'est de cette fondation que peut dater l'origine de Saint-Germain. Un petit nombre de bûcherons et de cultivateurs, sur lesquels les possesseurs du monastère obtinrent de Louis-le-Gros, droit de justice, élevèrent quelques chétives cabanes autour de l'église, et furent les premiers habitants du canton.

Louis-le-Gros, vers 1123, résolut de construire sur les bords de la Seine, un château fort qui pût servir à défendre les approches de Paris, et à couper aux Normands le chemin qu'ils étaient accoutumés à suivre pour ravager les environs de la Capitale, et l'assiéger elle-même. Le côteau d'Aupec lui parut parfaitement approprié à ses vues; il y fit donc élever, non loin de l'église, une forteresse qui servit à la fois d'habitation et de défense : dès l'an 1124, on en parlait déjà comme d'un édifice au moins bien avancé, et des chartes de 1143 nous apprennent que nos rois y faisaient leur résidence.

A partir de cette époque, la cour de France fut souvent transportée au château de Saint-Germain. Malgré cela, le village situé autour du monastère, ne prit point un accroissement aussi rapide qu'on semblerait devoir le croire. En ces temps-là, les rois vivaient en famille, entourés d'un petit nombre d'officiers et de domestiques. Les seigneurs résidaient dans leurs domaines, où ils jouissaient d'une turbulente indépendance qui plaisait à leurs goûts. Ils ne se présentaient dans les résidences royales que lorsqu'ils y étaient appelés ; quant aux petits, ils savaient, par expérience, qu'il ne résultait rien de bon pour eux d'approcher le soleil de trop près ; ils restaient dans leurs cabanes, sans être tentés de les transporter ailleurs.

Il suit de là, que le village de Saint-Germain resta long-temps sans importance, et ne comptait qu'un petit nombre d'habitants, lorsque les Anglais, dans une irruption qu'ils firent aux environs de Paris, l'incendièrent en 1346, ainsi que le château.

Après avoir été pendant dix-sept ou vingt et un ans, un monceau de décombres, le château de Saint-Germain sortit de ses ruines, par les soins de Charles V, qui le fit, en 1363 ou 1367, *réédifier moult notablement,* suivant l'expression de Christine de Pisan. La plus grande partie de ce qui subsistait des anciennes constructions, à l'exception de deux grosses tours restées debout aux deux extrémités du bâtiment, fut détruite et remplacée par des constructions modernes; enfin, le château entièrement relevé et rendu à sa première destination, reçut encore les hôtes royaux qui avaient coutume de l'habiter.

Nous ne parlerons pas ici des différents changements que reçut le château de Saint-Germain. Quand nous y conduirons le voyageur, ce sera le moment d'en dire quelques mots.

Le village de Saint-Germain ne se

rétablit qu'avec une grande lenteur. Les courtisans qui, à dater de François Ier, formèrent avec les officiers et les domestiques de la maison royale, la suite de nos souverains, firent bien construire quelques hôtels dans le voisinage de l'habitation du maître; mais une population ne se forme pas seulement de courtisans, c'est la classe moyenne, et surtout la classe laborieuse, qui partout en composent le fonds. Des priviléges, des immunités, des encouragements, étaient nécessaires pour décider des artisans et des cultivateurs à se fixer sur un côteau presque sauvage et privé d'eau; rien de tout cela ne fut accordé d'abord, et de là la faiblesse dans laquelle languit long-temps un village qui aurait dû devenir rapidement une ville florissante.

Ce n'est pas que nos rois n'aient cherché à y fixer des habitants. François Ier y établit deux marchés par semaine, et quatre foires par an. Ces institutions étaient de nature à attirer de temps en temps, un concours de peuple plus ou moins grand sur le territoire de Saint-Germain ; mais pour y fixer une population, il fallait des avantages plus prononcés et plus durables, il fallait surtout ce qu'on ne connaissait point alors, la liberté.

Saint-Germain, malgré tous ces obstacles, parvint à former peu à peu un bourg de quelque importance, et qui s'accrut encore lorsque Henri IV, ayant fait construire le Château-Neuf, près des ruines duquel nous conduirons le voyageur, le choisit pour son séjour de prédilection. Les années qu'y passèrent Louis XIII et Louis XIV, nécessitèrent de nouvelles habitations pour les seigneurs qui formaient leurs cours ; des marchands, des artisans, attirés par l'espoir de faire des bénéfices, ou de trouver de l'ouvrage, vinrent se grouper autour de cette population opulente, et Saint-Germain parvint enfin à mériter le nom de ville.

Lorsque Louis XIV se fixa à Versailles, la ville encore naissante de Saint-Germain, en perdant tous les avantages dont elle avait joui jusque alors, fut menacée d'une dépopulation rapide; mais un prince détrôné, Jacques II, roi d'Angleterre, étant devenu l'hôte de la France, et ayant reçu le château de Saint-Germain pour lieu d'habitation, la ville trouva dans la présence d'une cour nouvelle un dédommagement de ce qu'elle perdait par la retraite de Louis XIV.

Après la mort du roi Jacques, de la reine son épouse, et la dispersion des étrangers qui les avaient accompagnés, Saint-Germain se trouva réduit à ses seules ressources. Mais on avait enfin compris la nature des encouragements qu'il fallait accorder à la population que l'on voulait fixer; on avait accordé divers priviléges, qui continuèrent à subsister jusqu'au commencement de la révolution; et ces priviléges, qui mettaient l'habitant à même de subsister à moins de frais, la beauté du site, la magnificence des points de vue, la salubrité de l'air, y attirèrent de Paris une foule de petits bourgeois ou de marchands retirés du commerce, dont la présence fit plus que compenser les pertes que faisait la ville par les émigrations.

Ce qui maintint encore la ville, fut que les habitants, appréciant, dès avant la révolution, tous les avantages que pouvait leur procurer une industrie productive, élevèrent des fabriques, ouvrirent des ateliers, créèrent des produits dont ils trouvaient le placement sur les marchés voisins. La révolution, qui leur enleva leurs priviléges, leur fut bien funeste; mais, ce qui les mit encore plus en péril, furent les fabriques de bonneterie élevées à Troye et dans toute la Picardie, qui prirent sur les leurs un ascendant auquel celles de Saint-Germain durent se soumettre. Néanmoins, cette ville trouva encore des ressources; d'abord, parce qu'on n'abandonne pas des habitations créées depuis long-temps, où l'on a pris naissance, et qui renferment, pour ceux qui les occupent, des souvenirs plus ou moins précieux; ensuite, la préparation et le commerce des cuirs, auxquels les habitants s'étaient adonnés, ayant pris une grande extension à cause des nombreuses troupes d'hommes et de chevaux qu'il fallait chausser, botter, et harnacher. Ce genre d'industrie remplaça celles que les événements et la concurrence enlevaient à la population manufacturière.

Saint-Germain resta donc ce qu'il était, et devint même beaucoup plus intéressant sous certains rapports; néanmoins, il éprouva dans sa population fixe une diminution assez sensible. Dans les temps de sa splendeur, le nombre de ses habitants s'élevait à 16 ou 18,000; et, en 1827, il n'était plus que de 11,697, encore en y comptant les individus et les familles qui n'y étaient qu'accidentellement en pied-à-terre.

Il est à présumer que la ville se maintiendra au point où elle en est aujourd'hui, sans diminution nouvelle dans le nombre de ses habitants, et il est même probable qu'elle prendra de l'accroissement par suite de la division du parc de Noailles et de celle du Boulingrin.

La ville de Saint-Germain-en-Laye est située sous les 19° 45' 32" de longitude est du méridien de l'île de Fer, et 14' 28" de longitude ouest du méridien de l'Observatoire de Paris, et sous les 48° 53' 52" de latitude nord. Elle est bâtie sur un plateau élevé, près de la rive gauche de la Seine, à l'extrémité sud-est de la forêt, à deux lieues et demie de Versailles, et à quatre lieues un tiers de Paris. Elle appartient au diocèse de Versailles, à la première division militaire, dont le quartier-général est à Paris, et à la deuxième conservation forestière, dont le chef-lieu est à Versailles.

Le centre de la ville couronne une éminence élevée de 63 mètres au-dessus du niveau de la Seine, et de 86 mètres au-dessus de celui de l'Océan. Ses extrémités s'étendent dans diverses directions, et se confondent avec les habitations des communes voisines. Elle est bornée, au nord et au nord-est, par la forêt qui porte son nom; à l'est, par la grande terrasse ouverte sur la campagne par un sentier qui conduit, à travers des vignes, aux prairies qui bordent la Seine, et au village de Carrières-sous-Bois, et, à l'autre extrémité, par un chemin aboutissant au Pecq; au sud, par une vallée assez profonde, des côteaux, des carrières, et un assez grand nombre d'enclos. Au-delà de cette limite, se trouve encore une portion de la ville nommée *faubourg de Fillancourt*. Au sud-ouest, sont des jardins, des vignes, la vieille route de Mantes, et le faubourg de Saint-Léger, qui s'étend jusqu'à Hennemont, et est séparé de la ville par des terres en culture.

Le plateau qui porte la ville et la forêt de Saint-Germain, et qui occupe presque toute l'étendue du cap, n'est séparé du fleuve que par une plaine basse et étroite. Sa pente, au sud et à l'est, est escarpée et souvent coupée à pic, tandis qu'au nord et à l'ouest, elle descend insensiblement vers la Seine. L'uniformité de la surface de ce plateau n'est interrompue que par quelques mamelons peu élevés dont les plus remarquables sont aux étoiles du Dos-d'Ane et du Grand-Veneur, à celle d'Actéon, aux Brûlins, à l'étoile du Houx, et à gauche de la grande route, en montant la ville. Toute cette contrée offre deux formations principales de terrain : le *sol d'atterrissement*, qui couvre les parties basses, et le *calcaire grossier marin* qui constitue toutes les parties élevées.

Le sol qui couvre le plateau est loin d'être d'une bonne qualité; néanmoins, l'industrie et le travail des cultivateurs obtiennent de ce terrain, couvert moitié de vignes, moitié de céréales, de légumes, et de fruits, des récoltes plus abondantes que celles qu'on retire autre part de terres plus fécondes. Les arbres qu'on y élève sont vigoureux, pleins de sève, et les fruits qui en naissent sont savoureux; quant aux légumes, on les trouve nourrissants; la beauté des prairies est généralement reconnue : les côteaux ne fournissent pas un vin de qualité supérieure, mais la forêt qui les couronne offre en compensation des plantes de toute espèce que les botanistes viennent étudier, et qui entrent dans un grand nombre de préparations pharmaceutiques.

La température de Saint-Germain est de 12° 5' au thermomètre centigrade. L'air y est pur, mais, sur la terrasse, où il se renouvelle rapidement, à cause de l'élévation, il est trop vif pour les personnes d'une constitution débile ou affectées de maladies de poitrine. Il est balsamique dans la forêt, et tout-à-fait bienfaisant dans les bas-fonds qui environnent le côteau.

On entre dans la ville par sept barrières principales, et par quelques issues ou barrières moins apparentes. Les rues sont en général assez larges, et suffisamment aérées, mais percées très irrégulièrement, et pavées sur toute leur surface ; elles pourraient être entretenues plus proprement. Le voyageur ne doit chercher à Saint-Germain ni antiquités ni débris, qui annoncent la résidence, ou seulement le passage d'une population ancienne et civilisée. Tout y est de construction moderne. Lors de la naissance de

Charles IX, il avait été élevé une pyramide monumentale, mais elle a été détruite en 1780, parce qu'elle menaçait ruine. Les environs de la ville offrent les restes de quelques constructions féodales, auxquelles on attribue une antiquité plus ou moins reculée, mais qui datent toutes du moyen âge, et qui, d'ailleurs, n'ont rien de recommandable. Quant aux ruines du Château-Neuf, que nous visiterons, on sait combien elles sont modernes.

A l'exception du château, Saint-Germain ne possède aucun édifice vraiment remarquable. Son église paroissiale, élévée à si grands frais, a été justement critiquée dans un grand nombre de ses détails. La chapelle des Dames de Saint-Thomas-de-Villeneuve est jolie, mais trop petite pour être appelée un monument. Les maisons de la ville sont bâties avec une très grande simplicité, et aucun luxe d'architecture ne les annonce au dehors. Ce défaut de constructions importantes n'a rien qui doive étonner, quand on pense que la Cour a quitté Saint-Germain au moment même où le goût de la belle architecture commençait à naître en France, et que le génie est allé à Versailles enfanter ses merveilles.

Ce qui rendra toujours Saint-Germain recommandable parmi toutes les villes de troisième ou quatrième ordre, sont ses magnifiques promenades, sa superbe forêt, et ses admirables points de vue ; et tant qu'il subsistera il sera visité par les nationaux et les étrangers. On y respire un air très pur ; aussi, aux diverses époques ou des épidémies se répandaient sur la France, Saint-Germain fut-il un lieu de refuge assuré pour les personnes aisées ; et dans ces derniers temps il est resté à l'abri des ravages du *choléra*, bien que cette maladie s'étendît sur les populations des environs.

Maintenant que nous avons de Saint-Germain une idée succincte, mais suffisante, nous allons entrer dans la ville, et y faire une promenade. Nous avons gravi la grande côte ; nous avons remarqué vers le milieu, à gauche, un vaste banc de coquillage, à droite de jolies maisons de campagne, dont la façade est tournée du côté du bassin de la Seine, et dont nous n'avons aperçu que les terrasses et les jardins ; nous avons passé la rue Croix-Boissière, qui, à gauche, fait suite à la rue des Ursulines, coupe la grande route à angle droit, et se prolonge jusque sur le territoire du Pecq, en traversant un carrefour, orné d'une croix, relevée sous la restauration ; enfin, nous arrivons à une place circulaire, bâtie en 1771, et nommée *Place Royale*.

Parvenu à ce point, nous engageons le voyageur à faire halte un instant, et à se retourner pour jouir du coup d'œil qui se présentera à lui. Il verra à ses pieds la côte qu'il vient de gravir, se dérouler en décrivant un vaste demi-cercle. En face, il apercevra le village de Ruel, le Mont-Valérien, les riches bâtiments qui le couronnent, et il aura déjà une première idée des tableaux magnifiques qui se dévoileront à ses yeux, quand nous l'aurons conduit sur d'autres points du côteau, et notamment sur la terrasse.

Lorsque le voyageur aura satisfait sa curiosité, il reprendra sa première position, et fera face à une avenue; à sa droite, il verra le chemin qui descend au Pecq, et à l'angle nord-est du sommet de cette côte, le manége couvert.

En 1814, la garnison n'ayant pour se livrer aux exercices militaires qu'un ancien jeu de paume insuffisant, on fit l'acquisition des terrains nécessaires, et on éleva le manége couvert que l'on voit aujourd'hui. Le 11 juillet 1816, on posa la première pierre de cet édifice, et il fut frappé une médaille pour perpétuer le souvenir de la cérémonie qui eut lieu.

Ce bâtiment a cent cinquante pieds de long sur cinquante de large. La charpente du comble est très soignée, et construite à la manière de Philibert de Lorme. Une coupole formant tribune à l'extrémité du manége, sert aux personnes qui veulent assister aux manœuvres sans descendre dans l'intérieur. Les croisées qui éclairent cette coupole, espacées symétriquement sur une demi-circonférence, dominent toute la côte du Pecq.

A gauche du manége, après une maison bourgeoise, se trouve une belle avenue, qui semble être une continuation de la grande côte. Cette avenue, précédée d'une grille, et plantée d'arbres, conduit au parterre, en longeant l'ancien jardin, dit le *Boulingrin*, dont elle porte le nom.

On entre enfin dans la rue de Paris,

par une barrière d'assez peu d'apparence, et qui n'a rien qui annonce une ville. Les premiers bâtiments remarquables que l'on rencontre à gauche, sont les écuries du roi, occupées aujourd'hui par la garnison.

Ces écuries, qui se nommaient autrefois les écuries de la reine, ont été bâties en 1766, et peuvent contenir cent soixante-douze chevaux; elles sont doubles, ont vingt-quatre pieds de hauteur, et les rateliers sont placés au milieu du bâtiment. Les fondations, auxquelles on a donné un soin particulier, reposent sur un bon terrain, qu'il a fallu aller chercher vers l'extrémité de la rue de Paris jusqu'à la profondeur de vingt pieds. Les eaux tombent par des ouvertures placées de distance en distance, et fermées par des grilles de fer, dans un canal qui passe sous les écuries.

Ce qui fait le mérite de cette construction, dont la décoration extérieure est originale, sont les facilités que présentent les divers passages pour arriver dans la cour intérieure, laquelle a cent quarante pieds de longueur sur cinquante de large; ensuite, l'abondance des eaux, que fournit un réservoir de la contenance d'environ vingt muids.

L'aile qui s'appuie sur la côte de Saint-Germain, et qui est en potence, renferme d'assez beaux appartements.

Quand il a passé ces écuries, le voyageur trouve une grille d'environ cent pieds de longueur, et un mouvement naturel de curiosité le fait regarder à travers.

Il voit d'abord à ses pieds un abreuvoir qui a été fait sous Louis XIV, pour remplacer un ancien existant alors Place du Château, et reconstruit en 1820, dans l'alignement des écuries. Cet abreuvoir a cent douze pieds de long sur quarante-cinq de large, et est alimenté par le trop plein du réservoir placé intérieurement dans les grandes écuries, et qui approvisionne tout l'établissement. Un canal, dans lequel peut passer un homme, a été pratiqué pour l'évacuation des eaux, et s'étend jusqu'au Pecq, en traversant les écuries, la grande côte de Paris, et une propriété particulière. Il a été construit en même temps que le réservoir dont il est la décharge.

Le long de cet abreuvoir est une auge d'environ cent pieds de long, portée sur des dés. Deux bornes d'extrémité en font le principal ornement.

Plus loin, dans une vaste cour, et sur la droite, se remarque la caserne, construite en 1823 et années suivantes par le Génie militaire. Elle est élevée de cinq étages, et dans une position si heureuse, qu'on l'aperçoit de deux à trois lieues. L'ensemble présente une façade de cent trente-cinq pieds, et une profondeur de quarante-trois. Elle est placée perpendiculairement aux grandes écuries, et forme la partie latérale de la carrière de manœuvre. Cette caserne s'étend jusqu'à la rue de Versailles, où il existe un bâtiment, dont une partie seulement est construite. A l'extrémité, l'on doit établir une grille, qui sera l'entrée principale de la caserne, du côté de la rue de Versailles.

Derrière nous, et depuis l'entrée de la ville jusqu'à la rue de la Verrerie, s'étend un long mur qui paraît en état de dégradation, et est d'un aspect fort triste, c'est le derrière des écuries, appelées autrefois *grandes écuries du roi*, et dont l'entrée principale est sur la rue de la Verrerie; elles sont composées de deux corps de bâtiment élevés dans un vaste manége découvert. Les extrémités ont été construites en même temps que la côte de Saint-Germain, et la place circulaire qui annonce l'entrée de la ville. La distribution intérieure est en tout point vicieuse. Les pièces sont, les unes petites, et pouvant à peine loger cinq chevaux, d'autres assez vastes pour en contenir cinquante. L'état des choses est tel, qu'il n'y a pas moyen de remédier à cette irrégularité. Il a déjà été question de les abattre, et de les rebâtir sur un plan et dans des proportions plus convenables.

Quand nous avons passé ces divers bâtiments, nous trouvons à gauche la rue de Versailles, que nous allons suivre.

Dans cette rue nous voyons les bâtiments de service et des exercices dépendants de la caserne. Nous continuons, et sur notre droite, nous rencontrons la rue des Ursulines, ainsi appelée d'un couvent d'Urselines qui y existait avant la révolution. Nous suivons cette rue, pour y visiter à gauche le couvent de la Nativité.

Ce couvent, ou plutôt cette association, établie en 1821 et autorisée par ordonnance royale du 7 juin 1826, occupe une partie du local où était l'institution de madame Campan. De grands changements ont été faits aux bâtiments ; on y a joint de nouvelles constructions et une chapelle. Rien n'est, à proprement parler, très remarquable, mais tout est vaste, commode, et bien disposé.

La chapelle de la maison est jolie, bien ornée, et enrichie d'un jeu d'orgues. On y voit quelques tableaux qui ne sont pas sans mérite : un saint Charles Borromée, un saint François de Sales, et une sainte Chantal. La communauté se compose d'une supérieure-générale qui est éligible et quinquennale, d'une assistante (supérieure-locale), de quarante-huit religieuses de chœur, et de douze sœurs converses. Ces Dames tiennent un pensionnat, et une école gratuite ouverte à un certain nombre de jeunes filles indigentes.

Une école d'enseignement mutuel,

fondée en 1832, occupe un vaste salon et ses dépendances, dans l'ancien Hôtel des Coches, propriété mitoyenne avec le couvent. On ne saurait trop faire l'éloge du professeur intelligent qui est à la tête de cette école.

Nous continuons la rue des Ursulines, en passant devant l'ancien collége, où il existe une maison d'éducation pour les jeunes gens, parfaitement tenue, et dans la situation la plus heureuse pour un tel établissement. Nous arrivons bientôt à la place de Mareil. Sur cette place, existe une petite fontaine, et les bâtiments qui l'environnent n'ont rien de remarquable : c'est un carrefour irrégulièrement formé par les rues des Ursulines, de Saint-Pierre, de Mareil, et de l'Hôpital. Au bout de cette dernière, se trouve le vieil Hôpital, que l'on découvre depuis la place de Mareil. Nous irions bien le visiter, mais il nous faudrait revenir sur nos pas, pour entrer dans la rue de Mantes, et voir le Marché aux Porcs. Comme il n'a rien de bien curieux, et ne vaut guère la peine d'un déplacement, nous nous contenterons de le regarder du point où nous sommes, et de donner sur lui quelques notions historiques.

En 1680, madame de Montespan jeta à Saint-Germain les fondations d'un hôpital pour les pauvres vieillards des deux sexes. A cet effet, elle acheta un bâtiment dit aujourd'hui le *vieil Hôpital*, et un enclos, contenant en superficie six cent trente-deux toises, et y joignit plus tard un terrain avoisinant, dont elle fit l'acquisition. Pendant les premières années, et au moins jusqu'en 1686, la maison fut administrée en son nom.

Le 6 janvier 1681 Louis XIV ordonna que le produit des droits levés sur la vente des grains et farines, faite à Saint-Germain, serait versé dans la caisse de l'Hôpital; et en juin de la même année, il confirma la fondation de madame de Montespan, ordonna qu'elle servirait d'asile aux mendiants, pour, les valides y être employés à des travaux proportionnés à leur âge et à leurs forces, et les vieillards et malades y être nourris et soignés jusqu'à leur guérison ou leur mort.

Le roi accorda divers autres bienfaits à l'Hôpital de Saint-Germain, lui donna, sous le titre de recteur, un ecclésiastique, pour soigner l'instruction spirituelle des personnes qui l'habitaient ; puis, enfin, l'érigea en hôpital général.

Les bâtiments du vieil Hôpital étant devenus inhabitables, on fit construire sur la partie la plus élevée du terrain, et sur le bord de la grande route de Normandie, la chapelle et les bâtiments qui y existent encore, et on y transporta l'Hôpital-Général. Ce nouvel établissement contenait quatre arpents trente et une perches. Celui qu'on abandonnait fut loué avec ses dépendances. Nous verrons tout à l'heure l'Hôpital-Général changer encore de place, et se réunir à celui de la Charité.

Nous entrons dans la rue de Mantes, et à droite nous trouvons le Marché aux Porcs. On ne peut fixer l'époque à laquelle ce marché fut ouvert. Il semble avoir été établi, sans autorisation, par le maréchal de Noailles, gouverneur de la ville; aujourd'hui la possession vaut titre.

Avant 1770, ce Marché se tenait vis-à-vis de l'ancien cimetière, entre les rues de Pologne et de Poissy ; mais, lorsqu'on construisit la Halle sur cet emplacement, on le transporta au bout de la rue Saint-Thomas et de celle de Poissy, alors l'extrémité de la ville. Cette place étant trop petite, la grande route passant à travers, et la rue qui menait au cimetière étant trop près, il résultait de cette position plusieurs inconvénients graves. L'Administration locale, sur la proposition du propriétaire de la ferme de Noailles, se décida à transférer le marché dans la cour de cette ferme.

En 1815, on chercha à l'enlever à Saint-Germain; mais les réclamations des autorités, auxquelles se joignirent celles des habitants de Nanterre, intéressés à ce qu'il y fût maintenu, finirent par prévaloir. Comme parmi les prétextes, mis en avant pour en priver la ville, on avait particulièrement insisté sur ce qu'elle ne possédait point un emplacement convenable pour la vente, le Conseil Municipal décida le 16 avril 1819, qu'il serait construit dans le quartier des Joueries, un marché propre à consolider, d'une manière durable, cet établissement avantageux.

La première pierre du nouveau Marché aux Porcs fut posée le 12 août 1821. La dépense totale des constructions s'éleva à cent mille francs. Sa surface est de trois mille huit cent quarante-huit mètres. Il se compose d'étables, d'une cour au milieu de laquelle est un abreuvoir, et d'une auberge. On y entre par une porte ouverte sur la rue Danès, et par deux autres sur la rue de Mantes.

Ce Marché, sur lequel il se vendait annuellement soixante et quinze à quatre-vingt mille porcs, a beaucoup perdu depuis deux ou trois ans; il se tient tous les lundis : il procure à la ville, en outre du fermage de l'auberge, un assez fort revenu. L'affluence des marchands qu'il attire encore, fournit au commerce de Saint-Germain une recette très considérable par la consommation que font ces marchands.

En quittant le Marché aux Porcs, nous tournons à droite, par la rue Danès, nous arrivons rue de Pologne; à droite, nous apercevons de loin une rue assez vaste, ou plutôt le point de division de deux routes, l'une qui suit la rue de Poissy, l'autre celle où nous nous trouvons ; c'est en cet endroit que se tenait autrefois le Marché aux fruits, légumes, et œufs, créé en 1682, par avis seulement, et maintenu par lettres-patentes du 8 juin 1755. En 1776, quand on eut transporté le cimetière qui se trouvait voisin, on renouvela, exhaussa, et pava le sol qu'il occupait, et ce nouvel emplacement reçut le nom de Marché-Neuf. Il se trouve à notre gauche, entre la rue de Poissy et celle de Pologne. Sa superficie est de 2,028 mètres carrés, en comprenant le passage public sous les arcades des bâtiments qui font face. Le sol, plus élevé que celui de la rue, est terminé sur la face parallèle à la Halle au blé, par un vaste bâtiment, au bas duquel se trouve un portique beaucoup trop étroit. Au bout de ce portique, et sur la rue de Poissy, s'élève un arrangement prétentieux de colonnes, hors de toute proportion. Les autres côtés sont d'une construction moderne fort ordinaire. Ils sont divisés en cinquante-deux places, pour autant de marchands qui s'y trouvent à l'abri.

Sur le carreau de la place se fait la vente des fruits, légumes, etc.; elle est très considérable : toutes les campagnes des environs y envoient leurs récoltes; les fruits rouges, surtout, y sont portés avec abondance; aussi, pour la facilité des cultivateurs, la vente a lieu le soir, tant que dure la saison de ces fruits.

Le grand bâtiment carré, couvert d'un comble à quatre égouts, et éclairé par des jours demi-circulaires, qui fait face aux arcades, est le réservoir pour le service de l'eau dans Saint-Germain. Cette construction, faite sans le moindre goût, est au-dessous de la critique et ne mérite pas de nous arrêter.

A côté du Marché aux fruits et légumes, se trouve la Halle aux grains et farines, dont nous aurions dû parler avant, mais que nous avons laissée en arrière pour ne plus avoir à revenir sur les marchés.

Vers la fin du xvie siècle, cette Halle se tenait les lundi et jeudi de chaque semaine, au coin de la rue au Pain et de la route de Poissy, et plus tard, sous un auvent adossé aux bâtiments construits entre la rue de Pologne et celle de Poissy. Voici à quelle occasion elle fut transportée sur l'emplacement qu'elle occupe aujourd'hui. Par lettres-patentes du 16 mai 1673, le roi fit don à Perette Dufour, sa nourrice, d'une place remplie d'immondices, entre le cimetière et le marché, pour y construire une halle, des boutiques, des échoppes, pour les marchands ambulants. Sur les réclamations qu'élevèrent les marchands de Saint-Germain, le roi révoqua sa libéralité, et fit don à la ville de l'emplacement pour y construire une halle, et à la condition de rembourser à Basire, garçon de sa chambre, une somme de huit mille cinq cents francs par lui payée à Perette Dufour, qui lui avait fait cession de ses droits. Le revenu de cette halle, destinée à la vente des grains et farines, devait être appliqué aux besoins de l'hôpital de Saint-Germain. Soixante-quatorze ans s'écoulèrent sans qu'elle fût construite, malgré le besoin pressant qu'on en avait. Le 8 juin 1755, Louis XV permit à l'hospice de l'élever à ses frais. Cet établissement fit face à la dépense au moyen d'un emprunt, et y fit transporter les grains et farines.

La Halle se trouve entre la rue de Pologne et la rue de Poissy, elle a son entrée principale du côté du Marché-Neuf. Elle se tient les lundi et jeudi de chaque semaine; elle forme un carré long, un peu rétréci, du côté de l'entrée. La façade est simple, et décorée d'un petit avant-corps couronné d'un fronton. Le rez-de-chaussée est éclairé par de grandes arcades, et le premier étage, par de petites croisées, dites Metzalines. Les deux portes latérales du rez-de-chaussée sont divisées par des poteaux qui supportent le premier étage, auquel on arrive par un escalier à double rampe. Ce bâtiment est construit sans prétention.

Nous continuons à suivre la rue de Pologne ; nous remarquons, à droite, quelques belles maisons particulières ; à son extrémité, et sur la gauche, nous trouvons la vieille route de Mantes. Encore quelques pas, et nous parvenons à l'asile du silence et de la mort ; nous sommes dans le vieux cimetière de Saint-Germain, et nous allons entrer dans le nouveau.

Les premiers habitants de la Côte déposaient les restes mortels de leurs parents, dans un terrain sur lequel est bâtie aujourd'hui la salle de spectacle, et les habitants actuels vont, sans s'en douter, pour la plupart, chercher le plaisir sur les ossements mêmes de leurs pères. Ce premier cimetière fut, plus tard, transporté hors de la ville, sur l'emplacement qu'occupe en ce moment le Marché-Neuf. Des constructions faites sur les rues de Pologne et de Poissy, ayant placé les tombeaux des morts au centre des habitations des vivants, il fallut, sur la fin du XVIIIe siècle, les transporter encore plus loin. Le 28 octobre 1774, la place où nous nous trouvons, reçut la bénédiction ecclésiastique, et fut consacrée à ceux qui ne sont plus.

L'accroissement de la ville, de nouvelles constructions, rapprochèrent encore les habitations du cimetière, qui ne se trouva plus dans l'éloignement voulu par les lois, et qui devint trop petit pour le nombre d'hôtes qu'il avait à recevoir. La ville se vit dans la nécessité de le reculer encore, et surtout de l'agrandir. Elle manquait de terrains convenables, et allait tomber dans un embarras bien singulier, celui de ne savoir où déposer ses morts, lorsque Charles X, auquel on recourut, voulut bien lui accorder, par bail emphytéotique, et à titre gratuit, cinquante ares de terre du côté de la forêt. On se livra de suite aux travaux nécessaires, on entoura le terrain d'un simple mur; on conserva du côté des habitations, un rideau d'arbres de haute futaie destiné à arrêter les exhalaisons ; on réserva au fond, à gauche, une portion pour les protestants, et le 18 juin 1827, la mort put prendre possession du nouvel asile qui lui était ouvert.

Pour arriver à ce nouveau cimetière, on est obligé de traverser l'ancien, qui est, jusqu'à présent, le plus riche en monuments élevés par la douleur, la piété, quelquefois par la flatterie, et souvent par la vanité. Ces monuments sont plus ou moins simples, entourés de fleurs et d'arbustes, et chargés d'inscriptions. Nous ne donnerons point la liste des personnages recommandables qui reposent sous la pierre ou sous le gazon. Nous laisserons le voyageur que nous accompagnons se promener, en se livrant aux sentiments mélancoliques que ne manque jamais d'inspirer le lieu dans lequel il se trouve; il verra sous ses yeux, l'emplacement étroit où ont fini les destinées de plusieurs princes, d'un maréchal de France et de son épouse, de plusieurs lieutenants-généraux, et d'un grand nombre de personnes qui ont laissé, après elles, un souvenir moins brillant peut-être, mais certainement plus solide et plus flatteur : celui du mérite, du savoir, et de la vertu.

La douleur n'est pas fastueuse à Saint-Germain, et la vanité même y est modeste. Les tombeaux qui peuplent le cimetière, sont chargés de peu d'ornements, et enfermés par une clôture en bois ou en fer. Quelques-uns se composent d'une table de pierre, terminée d'une manière demi-circulaire, ou en forme d'autel, plantée verticalement en terre, scellée au mur, ou couchée horizontalement ; d'autres sont indiqués seulement par une simple croix de bois. Au nombre des pierres tumulaires placées par la douleur et la vanité des familles, il en est de remarquables, non point par le luxe, mais par le ridicule de l'exécution, et le style des inscriptions.

Près de la porte d'entrée, et sur les restes obscurs d'un marbrier et de son épouse, est placé un autel antique, en marbre blanc, sculpté sur ses faces de guirlandes de fleurs et de fruits, soutenues par quatre têtes de bélier. Au devant était une inscription votive, qu'un antiquaire eût été bien aise de retrouver et de traduire, et qui a été impitoyablement effacée pour faire place au nom des défunts; au-dessous se trouvait un groupe de figures, dont on distingue encore quelques traces ; sur le côté gauche, on voit une coupe, et sur l'autre, une patère. L'artiste grec qui a sculpté ce monument, ne se doutait guère qu'il travaillait pour un bourgeois de Saint-Germain-en-Laye ; cependant son ouvrage pèsera long-temps sur ses restes. La femme du défunt a fait don par testament, au Bureau de Charité de la ville, d'une rente perpétuelle de mille francs, inscrite sur le grand-livre, pour être distribuée aux pauvres vieillards et aux malades, à la charge de faire respecter la sépulture de son mari et la sienne ; d'entretenir le monument sous lequel il repose avec elle, la grille qui l'entoure, et les arbres qui les couvrent de leur ombrage. Le legs fut accepté, et le Bureau de Charité sera de siècle en siècle chargé de ces soins ; le terrain où dorment les défunts, leur ayant été concédé à perpétuité.

Après avoir visité le nouveau cimetière, qui n'offre encore rien de remarquable, nous traverserons une seconde fois l'ancien, nous sortirons par l'angle adjacent à celui par lequel nous sommes entrés ; nous suivrons la rue Cours-des-Fontaines, nous entrerons dans celle de Poissy, et sur la gauche, nous rencontrerons les bâtiments de l'ancien Hôpital de la Charité, aujourd'hui l'Hospice Royal.

Vers l'an 1225, un nommé Régnault, ou Renault Larcher, qui avait été attaché à la maison du roi Philippe-Auguste, fonda et dota de ses deniers, dans un terrain vague, situé au midi, un petit hôpital et une chapelle, sous l'invocation de Saint-Eloi, pour le repos de l'âme de Philippe-Auguste, son maître, de celle de Louis VIII et de la sienne. Louis IX, touché de la piété de ce bon serviteur, confirma par acte du mois d'octobre 1229, daté de Saint-Germain, la fondation de cet établissement, qui prit, en 1267, le nom d'Hôtel-Dieu. En 1649, il prit le nom de *Maison de Charité pour les malades*, et reçut, tant cette année là que les suivantes, des accroissements tels, qu'on parvint à y placer jusqu'à soixante-dix lits.

La Maison de Charité reçut diverses faveurs de Louis XIV, qui y fit construire une chapelle ; mais la révolution, en la dépouillant d'une partie de ses revenus, et la privant des libéralités des personnes charitables, la fit tomber dans la détresse.

L'Hôpital des Vieillards, dont nous avons parlé, était aussi, par les mêmes causes, dans un état complet de dénuement, et même en déficit. On prit inutilement diverses mesures pour élever les recettes au niveau de la dépense, et l'on se vit presque dans la nécessité d'abandonner un établissement si intéressant pour les pauvres. On n'en vint point cependant à cette triste extrémité. En l'an XI de la république, on réunit l'Hôpital des Vieillards à la Maison de Charité; on plaça les deux établissements sous la même administration, et l'on économisa quelques frais de bureau, et les appointements de plusieurs employés. C'était déjà une amélioration, mais c'était bien peu, et le mal n'était pas même pallié. L'établissement de l'octroi, en mettant la ville à même d'acquitter un déficit de 30,000 francs, dont étaient grevées les deux maisons, en lui donnant la facilité de leur assurer un revenu suffisant, les tira d'affaire, et toutes deux, réunies sous le nom d'Hôpital Royal, sont aujourd'hui dans un état satisfaisant de prospérité.

Les entrées de l'Hospice n'offrent rien de remarquable. Celle sur la rue de Poissy, donne sur une première cour fort petite, et entourée de bâtiments. Vis-à-vis est un perron, conduisant à un vestibule qui communique, à gauche, à la salle *Sainte-Thérèse*, spécialement destinée aux femmes. L'ancienne chapelle de la Charité occupait une partie de l'emplacement sur lequel est situé cette salle. L'autel est encore placé au point où elle se retourne d'équerre, et où elle va aboutir par un perron dans le jardin, vis-à-vis de la rue Saint-Thomas.

A droite du vestibule est une pièce où sont reçus les hommes; elle a le nom de salle *Saint-Louis*. Au point où, comme la précédente, elle fait angle, se trouve la chapelle neuve que nous visiterons, et dont elle n'est séparée que par une grille en fer. De la cour d'entrée, on arrive à la salle de chirurgie et à la buanderie, où est un réservoir contenant cinquante muids d'eau, et auprès, un bassin en pierre pour laver le linge.

Au delà, et passant par un corridor souterrain, on est conduit à un bâtiment dont le rez-de-chaussée forme la salle *Saint-Vincent*, occupée par les vieillards. Le premier étage est pour les femmes, qui y habitent une salle dite *Sainte-Marie*; et le second sert à une école gratuite, que les religieuses de la maison tiennent pour de jeunes filles indigentes. Ces salles sont trop basses, trop étroites, et l'air ne peut y être renouvelé que difficilement.

Les jardins et les cours sont beaucoup trop petits, et n'offrent aux vieillards et aux convalescents, que des promenades trop circonscrites, pour contribuer à l'entretien de la santé des uns, et au rétablissement de celle des autres; les malades sont d'ailleurs parfaitement soignés, et tenus avec la plus grande propreté.

Les vieillards valides sont employés à quelques ouvrages intérieurs, faciles, et proportionnés à leur force et à leur âge; ils assistent aux prières et instructions journalières. Ils ont deux sorties par semaine en été, et une en hiver.

La maison est sous la surveillance de six administrateurs, dont fait partie le maire de la ville, qui est le président né de cette administration. Elle est desservie par des sœurs de charité, et offre soixante-dix-neuf lits aux malades de l'un et de l'autre sexe. On pourrait, au besoin, en ajouter cinq, tant on a bien tiré parti du local, et utilisé sagement les revenus.

En 1784, le curé de la ville proposa à ses paroissiens de contribuer à la dépense que nécessiterait la construction d'une petite église pour l'Hospice de la Charité, et qui servirait en même temps de succursale pour la paroisse. M. A. F. Peyre fut chargé de ce projet, qu'il exécuta en y apportant la plus grande économie. La dépense totale de cette chapelle, dont le portail est entièrement en pierre de taille, ne s'est élevé qu'au prix de 16,800 fr., prix pour lequel avaient été faites les soumissions. La belle diposition de son plan en croix latine, est d'une grande simplicité; la petite façade, appareillée en refonds, est couronnée d'un bel entablement dorique et d'un fronton; elle est ouverte par une porte en arcade, donnant entrée à la nef destinée au public. On trouve dans cette simple, mais judicieuse décoration, le caractère propre à l'édifice, de beaux profils, et de belles proportions, qualités qui distinguent les ouvrages de l'habile architecte qui a dirigé cette construction. L'intérieur offre un berceau de voûte en plein cintre, dont un entablement continu et d'un profil pur porte sur les retombées. Des joints d'appareil, tracés sur les murs et les voûtes, sont, avec les niches du rond-point, les seuls ornements de cette église. Elle a été restaurée, il y a peu d'années, par M. Le Moine.

La nef est séparée du chœur par une petite grille en fer; dans le chœur s'élève un autel en marbre, derrière lequel sont, dans trois niches ménagées dans la partie circulaire, trois statues assez mal exécutées, représentant la Sainte-Vierge, saint Louis, et saint Jean de Dieu.

A droite du chœur est une chapelle dédiée à saint Vincent de Paule : elle est destinée aux vieillards; on y voit exposés trois tableaux très faibles. La chapelle de gauche est réservée aux sœurs, une grille qui s'ouvre sur la salle saint Louis la termine.

Voilà tout ce que l'Hospice nous offre d'intéressant à connaître et à voir. Nous allons le traverser par une porte qui s'ouvre sur la rue Saint-Thomas; nous suivons cette rue à droite, et en face de celle des Bûcherons, nous rencontrons l'*Institution des Dames Hospitalières de Saint-Thomas-de-Villeneuve.* L'association religieuse des Dames de Saint-Thomas-de-Villeneuve fut fondée en 1660, dans la Bretagne, par le père Ange Le Proust, augustin réformé. Ces dames s'établirent à Paris en 1700, et à Saint-Germain vers la même époque; mais elles n'obtinrent qu'en 1726, les lettres patentes qui autorisèrent leurs maisons.

Le but de leur admission dans cette dernière ville, fut de prendre soin de l'éducation des pauvres demoiselles anglaises, irlandaises, et écossaises, qui appartenaient aux familles émigrées à la suite de Jacques II, et qui étaient presque délaissées depuis la mort de ce prince. Conformément aux intentions de ceux qui les appelaient, ces religieuses ouvrirent une école gratuite, qu'elles tinrent jusqu'en 1790, époque à laquelle la révolution les força de se disperser.

Par décret du 13 floréal an III, la maison qu'elles occupaient fut mise en vente, comme domaine national. L'administration du district, et la municipalité de Saint-Germain, en achetèrent une partie pour y établir leurs bureaux, et une portion de leur jardin fut vendue à un particulier. Quant à leur église, elle servit en l'an VII (1797) de temple aux Théophilanthropes, espèce de secte philosophique qui, pendant sa courte existence, chercha à donner au déisme des formes lithurgiques.

Le 19 mars 1801, madame Walsh de Valois, qui avait été supérieure du couvent de Saint-Thomas, demanda que la maison fût rendue à sa première destination. Comme l'association avait pour but le soulagement des malades et des indigents, et comme il y avait lieu de lui appliquer les lois des 24 octobre 1795 et 7 octobre 1796, rendues en faveur des établissements de bienfaisance, la demande fut favorablement accueillie, et la Commission administrative des Hospices ayant reconnu les services rendus, avant la révolution, par les Dames de Saint-Thomas, les invita à rentrer dans la maison qu'elles avaient occupée, à la charge de secourir les pauvres en leur qualité d'Hospitalières, et d'instruire les jeunes filles, sous la surveillance de la Mairie et du Bureau de Bienfaisance.

Nous avons vu que les bâtiments qu'elles occupaient avaient été vendus et achetés, partie par l'Administration du District et la Municipalité de Saint-Germain, le reste par des particuliers, et que l'église seule n'avait pas été aliénée. Ce qui avait été vendu à des particuliers étant rentré dans le domaine national, faute par les acquéreurs d'en avoir payé le prix, fut, sans difficulté, rendu avec l'église aux Dames de Saint-Thomas. Quant à la portion appartenante aux administrations locales, elle fut également mise à leur disposition, mais à une condition particulière. L'Hospice des Vieillards avait été chargé par deux fondateurs, de la nourriture et de l'entretien de treize jeunes orphelines. Les revenus affectés à la fondation ayant été anéantis lors de la révolution, l'Hospice se trouva dans l'impossibilité de supporter le fardeau. Lorsque les Dames de Saint-Thomas rentrèrent dans leur maison, on leur imposa la condition de prendre soin des treize orphelines que l'Hospice ne pouvait plus nourrir, et cela, en compensation de la portion de leurs bâtiments qu'avait achetée la ville, et qui leur était rendue. En conséquence de ces divers arrangements, les Dames de Saint-Thomas ouvrirent des écoles publiques, élevèrent un pensionnat, et louèrent à des Dames les logements dont elles n'avaient point l'emploi.

Un secours de 10,000 fr., et une subvention annuelle de 8,000 fr., accordés par l'empereur Napoléon, mirent les Dames de Saint-Thomas dans une position aisée, et assurèrent le succès de leur établissement.

La communauté se compose d'une supérieure, de six religieuses de chœur, de quatre sœurs converses, de deux sous-maîtresses, et d'un aumônier, qui ne réside pas. Le service se fait par trois domestiques; l'établissement réunit des pensionnaires, des externes, les treize orphelines, et ces Dames tiennent, en outre, en faveur des jeunes filles indigentes, une école gratuite, pour laquelle la ville paie une indemnité annuelle.

Les orphelines appelées à jouir du bienfait de la fondation, ne doivent pas avoir plus de douze ans, être originaires de Saint-Germain, ou nées de personnes domiciliées dans la ville, depuis dix ans au moins. On choisit de préférence celles qui sont orphelines de père et de mère; ensuite, celles dont le père ou la mère existe, mais se trouve dans l'impossibilité de les nourrir et de les élever; enfin, à leur défaut, on admet celles dont les parents sont surchargés d'enfants. Les jeunes personnes restent dans la maison jusqu'à l'âge de vingt ans; on les met en état de pourvoir à leur subsistance par le travail; de sorte, que lorsqu'elles rentrent dans le monde, elles peuvent y exercer une profession, ou s'y placer convenablement. Quant aux pensionnaires, elles reçoivent une éducation basée sur les meilleures principes, et acquèrent une bonne et solide instruction.

La seule chose que nous ayons à visiter chez les Dames de Saint-Thomas est la chapelle de leur maison, dont la construction fut confiée à M. Peyre, qui a fait celle de l'Hospice. L'entrée destinée au public est dans la rue Saint-Thomas. Elle s'annonce par un pérystile de quatre colonnes d'ordre ionique, surmontées d'un fronton. Le portique ne se rattache en rien à la façade, et n'est là qu'indicatif, et simplement pour couvrir la grande porte. L'intérieur est une coupole élégante, dans le sommet de laquelle l'architecte ingénieux a ménagé une tribune circulaire. Cette coupole, aussi grande que la nef, repose sur une corniche architravée qui fait le tour de sa base, et se rattache aux colonnes qui séparent de la nef les deux bas-côtés. Deux autels, placés symétriquement, sont consacrés, l'un à la Sainte-Vierge, l'autre au sacré cœur; l'un des côtés est réservé aux pensionnaires et aux Dames de la maison. Pour celles-ci, il y a plusieurs petites cellules ménagées dans les reins de la coupole, et qu'éclaire un seul carreau inaperçu placé dans les plis des refends.

Nous continuons à descendre la rue Saint-Thomas, nous entrons dans la rue Neuve-de-l'Eglise, et nous rencontrons à droite la chapelle de la Congrégation des hommes.

L'église paroissiale étant devenue trop petite pour contenir les Fidèles qui s'y rassemblaient, le curé permit à des habitants, en 1731, de former une Congrégation, pour vaquer ensemble aux exercices et pratiques de la religion. Ils firent d'abord célébrer les offices dans une maison particulière; mais en 1755 ils demandèrent au gouverneur de la ville la permission d'élever, à leurs frais, une chapelle, sur une portion de terrain de la geôle, en y pratiquant deux tribunes pour les prisonniers : cette permission leur fut accordée. La chapelle de la Congrégation des hommes fut construite de suite, et consacrée en 1756. Elle fut dotée, et en partie décorée par les bienfaits de la dauphine, mère de Louis XV, et par les tantes du monarque, mesdames Victoire, Sophie, et Louise. Le 23 mai 1769, le duc de Noailles accorda à la Congrégation une chambre prise sur la geôle, pour servir de sacristie.

En 1792, les habitants ayant demandé que l'église des Récollets qu'on voulait mettre en vente, après le départ de ces religieux, fût conservée pour servir de succursale à la paroisse, les Congréganistes consentirent à ce que leurs revenus, meubles, vases, ornements, et tableaux, y fussent transportés; mais les événements de l'année suivante renversèrent tous les projets que l'on formait alors, et il ne fut question ni de succursale, ni même de paroisse. La chapelle de la Congrégation servit à la société populaire pour y tenir ses séances, et plus tard elle fut employée pour former le dépôt des farines, par suite de l'ordonnance royale du 30 septembre 1814.

La prison se trouve attenante à la chapelle dont nous venons de parler. Dans les premiers temps où Saint-Germain était le siége d'une prévôté royale, la prison était placée dans le marché, près de la Boucherie. En 1737, Louis XV ayant acquis par échange l'hôtel de la Vrillière, situé dans la rue Neuve-de-l'Eglise, où nous sommes, on y transporta la prévôté, ainsi que la prison.

Ce qu'on appelle prison à Saint-Germain, est plutôt une maison de dépôt et de sûreté, où sont enfermés les prisonniers pour dettes, des cantons de Saint-Germain, d'Argenteuil, et de Meulan. Le local ne présente que les moyens nécessaires à la sécurité du concierge; il n'a pas besoin d'offrir plus de garanties, attendu que les autres détenus n'y sont déposés qu'à leur passage, et n'y séjournent jamais plus de vingt-quatre heures, à moins qu'ils n'y soient conduits par un jugement du Tribunal de Paix ou de Police Municipale; dans ce cas ils peuvent être retenus trois jours. Les chambres destinées aux prisonniers sont assez propres, et assez bien tenues, mais les cachots sont infects, d'une humidité pernicieuse, et ne recevant d'air et de lumière que par une ouverture de six pouces carrés, ménagée dans la porte.

L'ancienne salle de la prévôté, et ses dépendances, servent aujourd'hui de tribunal pour les audiences de la justice de paix.

Du point où nous sommes, nous apercevons une tour carrée, d'une élévation moyenne, et qui semble détachée d'un bâtiment dont elle fait cependant partie. Cette tour et ce bâtiment forment ensemble l'église paroissiale, que nous allons visiter dans tous ses détails ; après, cependant, en avoir en peu de mots appris l'histoire au voyageur que nous conduisons.

Après la funeste invasion que les Anglais firent en 1346 aux environs de Paris, Charles V, tout en relevant le château de Saint-Germain, fit construire une église distincte de l'ancienne chapelle du monastère, et la considérant comme une fondation royale, il voulut qu'elle fût entretenue et réparée à ses frais ; ses successeurs s'imposant la même obligation, déléguèrent sur les coupes de bois de la forêt, les fonds nécessaires à la réparation annuelle de l'édifice, qui fut dédié à Saint-Germain, évêque de Paris.

En 1660 et en 1676 on fit différents changements et embellissements à l'église, on l'enrichit d'un portail, on l'agrandit; mais le 12 septembre 1681, une grande partie du chœur et de la nef s'écroula pendant l'office, heureusement sans blesser personne. Colbert reçut ordre du roi de se transporter sur les lieux, et de reconnaître l'état du reste des bâtiments. Sur le compte qu'il rendit, S. M. ordonna la reconstruction générale de l'édifice, et la direction des travaux fut confiée à Mansard, son architecte.

La première pierre fut posée, au nom du roi, par le duc de Noailles, dans le courant de 1682. On plaça dans les fondations trois médailles: deux en argent, aux effigies de Louis XIV et de la reine, et la troisième en plomb, portant les noms et les qualités du duc de Noailles; et sur leurs revers, une inscription pareille à celle qui était écrite sur la porte de l'édifice, et conçue en ces termes : « Cette « église a été rebâtie du règne et « des bienfaits du roi Louis XIV, « dit le Grand, en 1682. » Les travaux furent poussés avec une telle activité, qu'ils furent achevés en un an. Le 10 avril 1683, veille du dimanche des Rameaux, l'archevêque de Paris vint en faire la bénédiction solennelle, en présence du duc de Noailles, chargé de représenter Sa Majesté à cette cérémonie. Les habitants, en reconnaissance des bontés du roi, arrêtèrent qu'ils célébreraient tous les ans l'anniversaire de sa naissance, par une procession suivie d'un *Te Deum*, et d'un feu de joie qui serait allumé devant le portail de l'église; qu'après son décès, cette procession serait remplacée par un service des morts. On rendit notoire cette fondation par une inscription gravée sur un marbre blanc placé dans le chœur. L'archevêque de Paris approuva les dispositions par un mandement, daté du 7 mai 1683, et y officia pontificalement, pour la première fois, en présence du clergé et du marquis de Montchevreuil, gouverneur de la ville. Le roi d'Angleterre Jacques II, et la reine son épouse, tant qu'ils occupèrent l'asile qu'ils tenaient de la bonté du roi, assistèrent chaque année à cette fête, et allumèrent le feu de joie préparé sur la place.

L'église devint encore une fois insuffisante pour le nombre des Fidèles. Louis XV ordonna d'en bâtir une nouvelle sur un plan plus vaste; et pour assurer l'exécution de ses ordres, il assigna des sommes annuelles, d'abord sur les économats, ensuite sur les loteries de Saint-Sulpice et de la Pitié. Elle ne fut point commencée sur-le-champ, et les sommes assignées s'étant accumulées, finirent par former un capital, qu'on décida d'appliquer, en 1764, à sa destination.

Différentes raisons de convenance et d'économie firent adopter, pour la construction de l'édifice, les plans de l'architecte Potain; on mit la main à l'ouvrage, et la première pierre fut posée, avec les cérémonies accoutumées, au nom du roi, le 20 novembre 1766, par le duc d'Ayen, fils du gouverneur de la ville, et son représentant. Les sommes destinées aux dépenses ayant été reconnues insuffisantes, les travaux furent long-temps suspendus, et il fallut que l'architecte modifiât ses plans; et, en 1787, l'entreprise des constructions fut adjugée aux frères Sandrier.

Les fonds ne furent versés qu'à de grandes distances, et par à-comptes insuffisants; et les entrepreneurs, qui avaient poussé vivement les travaux, furent obligés de les ralentir; l'église était à peine parvenue à la moitié de la construction, que les événements politiques l'arrêtèrent tout-à-fait.

Jusqu'en 1816, l'office continua d'être célébré dans une portion de l'ancienne église restée debout, et qui aurait pu suffire encore long-temps; mais la tendance du nouveau gouvernement pour le retour aux idées religieuses, entraîna le Conseil de la Commune à voter la construction d'une église. L'autorité persuada aux bons habitants, que la portion de l'ancienne qui servait encore menaçait ruine, et bientôt les plans de MM. Moutier et Malpièce, plans qui s'éloignaient le plus de ceux sur lesquels on avait élevé les constructions déjà faites, furent adoptés, parce qu'ils n'imposaient qu'une dépense de 431,000 fr., somme inférieure à celles demandées par d'autres architectes.

Au moyen d'un emprunt de 400,000 fr., d'une addition annuelle qui devait avoir lieu pendant douze ans, sur les contributions foncière, personnelle, et mobiliaire, on commença les travaux, et on les suivit avec assez d'activité. Cependant, les plans de MM. Moutier et Malpièce, quoique revêtus de la sanction de toutes les autorités, furent critiqués en plusieurs de leurs parties, par le clergé et par une fraction du Conseil Municipal. On arrêta des changements, on releva des erreurs, on se jeta dans de nouvelles dépenses. Les constructions furent enfin achevées, mais la somme de 431,000 fr. qui devait y faire face, fut de beaucoup outre-passée. A la fin des travaux, les comptes réglés définitivement s'élevèrent à un total de 809,469 fr. 82 c. Les intérêts des sommes empruntées montèrent à celles de 289,350 fr. Ensemble, 1,098,819 fr. 82 c.

L'église fut consacrée le 2 décembre 1827 par l'évêque de Versailles. Elle est bâtie sur un plan en forme de croix, et se compose d'une grande nef flanquée de deux bas-côtés latéraux, où sont deux chapelles en saillie. Le fond est demi-circulaire, et derrière est le clocher.

La façade principale est précédée, dans toute son étendue, d'un vaste perron en pierre, sur lequel s'élève, devant la largeur de la nef seulement, un beau portique d'ordre dorique, composé de sept entre-colonnes, dont deux sur chaque retour, et trois sur le devant : il est lié au monument au moyen de pilastres du même ordre. Le plafond, qui est en plates-bandes, forme des caissons enfoncés, ornés de moulures, qui produisent un bel effet. L'entablement est couronné d'un fronton dans lequel est sculpté, avec autant de goût que de talent, un relief représentant la Religion protectrice.

La Religion, sous les traits d'une femme, est assise sur un trône; à sa droite sont les quatre évangélistes, formant groupe avec les animaux que l'Apocalypse leur donne pour attributs ; de l'autre côté, sont les trois Vertus théologales.

Cette composition, qui fait le plus grand honneur au talent de M. Ramey fils, présente beaucoup de dignité ; on croit, cependant, remarquer dans l'attitude un peu forcée des divers personnages, que le cadre a gêné l'artiste dans l'exécution du grandiose de sa conception. Les dorures qui ornent la tête de la figure principale, nuisent à la majesté du sujet ; il nous semble voir un de nos chefs-d'œuvre de marbre ayant des yeux d'émail.

Dans l'exécution de ce portique, on a commis une faute grave en s'écartant des principes de nos grands maîtres : les triglyphes auraient dû tomber perpendiculairement sur les axes des colonnes.

Sous le milieu du pérystile se trouve la porte principale, et deux autres sur les bas-côtés; elles sont décorées de chambranles avec attiques au-dessus. Les dimensions sont belles, et d'un goût très pur.

Cette façade, généralement d'un beau style, est entièrement déparée par deux demi-frontons, qui, s'élevant au-dessus des entablements des bas-côtés, viennent se perdre d'une manière ridicule dans les pilastres des portiques, dont ils altèrent plusieurs moulures des chapitaux. Ne pouvait-on pas les remplacer avec avantage, par un beau socle carré au-dessus de l'entablement. Les bas-côtés, couronnés ainsi d'une manière plus monumentale, auraient fait une partie essentielle de la façade.

Quant aux parties latérales, elles produisent un très mauvais effet. Le bas, qui n'est percé que de petites ouvertures, en forme de barbacanes, présente un mur absolument nu; le haut paraît s'élever à peine au-dessus des combles inférieurs que l'on a tronqués, pour donner plus d'ouverture à trois petites croisées carrées et à une autre demi-circulaire qui éclairent la nef.

Le clocher est une tour carrée, surmontée d'un campanille ; il s'élève sur la Place de la Paroisse, et est soutenu par quatre forts piliers couvrant, au moyen d'une voûte d'arrête, un petit porche, auquel on arrive par un perron d'une masse assez lourde, et conduisant à une entrée de l'église de ce côté. Le campanille est décoré de pilastres, surmontés d'arcades à jour couronnées d'un entablement. Le comble, couvert en plomb, est tiré du genre italien ; il a le défaut de jeter ses eaux sur le perron ; il est décoré d'antéfices au pourtour, et surmonté d'une croix en fer doré, d'une dimension mesquine ; au-dessus est une girouette, idée qui n'est point heureuse. On tolère la position du paratonnerre, à cause de l'utilité dont il peut être. Au-dessous du campanille on a placé un cadran, autour duquel sont les signes du zodiaque, et quatre têtes de chérubins sculptées avec soin. Dans la frise se trouve cette légende : *Ædificavit civitas Sancti Germani, anno* MDCCCXXVII.

Ce monument est presque entièrement couvert en ardoises, posées sur des combles en charpente qui ont très peu de pente, ce qui nécessitera un entretien très coûteux. On aurait dû prévoir aussi que les eaux du comble principal tombant sur la partie tronquée en terrasse des bas-côtés, y forment un jaillissement qui mine les murs construits en moellon tendre; c'est pourquoi on remarque à l'intérieur de l'édifice, au-dessous de l'entablement, un cordon d'humidité.

Entre les croisées qui éclairent la nef, sont placés de grands cadres destinés à recevoir des tableaux. Le plafond est décoré de caissons en bois et de rosaces en carton-pierre, qui produiraient un meilleur effet s'ils étaient plus éloignés de l'œil. Du reste, ce manque d'élévation se fait sentir partout dans l'église. Les archivoltes des grands cintres, et les chambranles des croisées, ne se trouveraient pas écrasés sous le plafond, si elle n'avait pas ce défaut.

Au-dessus de la porte d'entrée est le buffet d'orgues : il est placé d'une manière désagréable, et sa décoration, d'un autre siècle, n'est nullement en harmonie avec les ornements modernes que présente l'édifice.

La nef et le chœur sont soutenus par vingt colonnes ioniques. On a encore ici, sacrifié les règles et le bon goût, en supprimant les socles des colonnes, et en ne laissant apercevoir que les tors. Si c'était pour gagner un peu de place pour les chaises, mieux aurait valu alors suivre l'exemple donné par l'architecte Peston, et retrancher toute la base.

L'église est pavée en carreaux de terre cuite, d'une très grande dimension, encadrés de plates-bandes en pierre.

Le chœur, auquel on arrive par trois marches, est fermé par une balustrade de pierre. Au pourtour sont adossés deux stalles en chêne, d'une belle exécution. La partie circulaire est fermée par une grille de fer ornée de dorures. Le sanctuaire, où l'on monte par deux degrés en marbre, est pavé en mosaïque; l'autel et le tabernacle sont aussi en marbre, et sont assez remarquables. De chaque côté sont deux candélabres en bois. Le plafond du chœur est décoré de caissons, au milieu desquels sont placées les armes de la ville; le cul-de-four, au-dessus du sanctuaire, est pareillement orné de caissons.

La porte d'entrée, placée derrière

l'autel, offre de graves inconvénients, qu'on aurait dû prévoir, et auxquels il sera difficile de remédier. Au-dessus est un Père Éternel, tableau on ne peut plus mauvais : aperçu de l'entrée principale de l'église, il blesse l'œil le moins observateur.

A droite du chœur est la chapelle de la Vierge, dont l'autel est orné de deux colonnes corinthiennes, et d'une statue qui est d'un bien faible travail. On est étonné que deux colonnes qui se trouvent à l'entrée, soient en plâtre, ce qui choque dans un monument aussi important que l'église. On a conservé derrière cette chapelle, et auprès de la sacristie, un bâtiment servant de salle de catéchisme.

A gauche du chœur est une autre chapelle, en face de celle de la Vierge; les tableaux qu'on y a placés ne la décorent pas, mais la déparent.

Dans les bas-côtés de l'église, ont été ménagées six grandes niches. La première à droite, en entrant, contient les restes du roi Jacques II ; la seconde forme chapelle, et on y admire un tableau de M. Garnier, représentant saint Charles, cherchant à désarmer la colère du Ciel par des processions générales pendant la peste de Milan : dans la troisième niche est un confessionnal. A gauche, la première contient des fonts baptismaux en pierre, de forme ovale, et décorés d'une guirlande ; derrière se trouve un petit ajustement supportant la statue de la Charité ; la seconde forme chapelle, comme celle qui lui fait face : le tableau au-dessus de l'autel, représentant saint Vincent de Paule, exposant devant une assemblée de Dames de la Cour la situation malheureuse des Enfants-Trouvés, est d'un pinceau novice ; dans la troisième est un confessionnal.

La chaire, supportée par un lion doré, est fort belle, et on la doit au maréchal Jules de Noailles, qui l'obtint de Louis XIV en 1681; elle provient de la chapelle de Versailles, où elle ne pouvait plus figurer, d'après le genre de décoration adopté en la restaurant. Elle fut transportée à Saint-Germain par les soins des marguilliers. La vanité de la famille de l'un d'eux a fait mettre sous cette chaire une inscription dont l'inexactitude est démontrée.

La cure de Saint-Germain est à la nomination de l'évêque diocésain. La paroisse est confiée aux soins d'un curé et de quatre vicaires, et chaque succursale à ceux d'un curé desservant. Toutes les églises communales du canton ressortissent de celles que nous venons de visiter.

En arrivant par la rue Saint-Thomas et la rue Neuve-de-l'Eglise, nous nous sommes trouvés derrière l'église, et nous avons été obligés pour la voir en face, de venir sur la place du Château, où nous nous trouvons en ce moment. Pour continuer notre promenade, nous allons longer une des faces du vieux Château, pour venir examiner le jeu de paume que nous avons en face.

Ce bâtiment, que nous avons dit servir de manége couvert à la garnison, avant la construction du nouveau manége que nous avons rencontré hors de la ville, le long du chemin du Pecq, fut construit par Louis XIV pour l'amusement des seigneurs de sa cour. Il a soixante pieds de long sur vingt-cinq de large ; les croisées qui l'éclairent sont à vingt-cinq pieds du sol. Du côté du nord, il est mitoyen avec une maison occupée autrefois par le contrôleur des bâtiments royaux; au sud, il s'appuie sur une maison bâtie depuis peu d'années sur le terrain de l'ancien Chenil. Il sert aujourd'hui de magasin à fourrage.

Nous allons nous retourner à gauche, pour prendre, à droite, la rue du Château-Neuf, et nous arrêter devant l'entrée principale du château, dont nous visiterons ensuite l'intérieur. Cependant, avant d'en faire le tour et d'y entrer, il est bon de dire quelques mots des changements qu'il a subis avant d'être tel qu'il apparaît à nos yeux.

Nous savons déjà que Charles V, en 1363 ou 1367, fit relever le château de Saint-Germain, et que nos rois continuèrent, comme auparavant, à y faire de fréquents séjours. Comme aujourd'hui, il formait un pentagone irrégulier, et présentait les cinq faces que nous lui voyons encore; seulement un des côtés ne fut d'abord qu'une terrasse avec une galerie, que François Ier fit abattre pour y substituer une vaste salle de bal que nous visiterons quand nous pénétrerons dans l'intérieur. A chacune des cinq encoignures s'élevait une tour ou pavillon carré, qui se terminait par une terrasse, du haut de laquelle on pouvait, autant que le permettait la forêt, découvrir le pays environnant. A l'un des angles était une grosse tour qui s'élançait dans les airs, comme le clocher d'une cathédrale. On communiquait de l'intérieur de la forteresse à la rive opposée, par des ponts-levis jetés sur des fossés inondés d'eau. Un pont, qui se composait d'une arcade surbaissée sur toute la largeur du fossé, était dans toute sa longueur, couvert de bâtiments en maçonnerie, qui servaient probablement de corps-de-garde à des postes avancés, en même temps qu'ils masquaient une issue qui conduisait à la forêt, dont les premiers arbres étaient alors au bord du fossé même.

Le château n'avait que trois étages éclairés par des croisées de quatre pieds et demi de hauteur sur trois de largeur. Les murs du second étage avaient sept pieds et demi d'épaisseur. Dans l'intérieur de la première cour, dont les bâtiments présentaient des pans de mur percés de fenêtres comme au hasard, se remarquaient quatre médaillons de Bernard Palissy, célèbre potier de terre d'Agen. Ces médaillons, fabriqués en terre cuite, et qui ont été depuis transportés au Musée des Petits-Augustins, sont revêtus d'une couverte, à la manière des faïences de leur auteur. Les deux premiers, vernissés de blanc sur des fonds bleu et violet, et en façon de bas-relief, représentent Mars et l'Abondance, fort étonnés, sans doute de se rencontrer ensemble; les deux autres, simplement peints en grisailles, offrent des sujets allégoriques.

Nous ne connaissons rien de la distribution des appartements. L'entrée royale était par la porte qui s'ouvre sur la rue du Château-Neuf; vis-à-vis, était une place de cinquante toises de long sur trente de large, et, autour de l'édifice, en dehors des fossés, il existait un chemin de ronde d'environ soixante pieds de largeur.

La cour des cuisines, qui avait son entrée par une grande porte qui s'ouvrait sur la rue de l'Eglise, et qui possédait en outre diverses autres issues, se trouvait vis-à-vis de la façade-ouest du château. Cette cour était composée de bâtiments qui offraient dans leur partie basse, des logements aux gens de service, des corps-de-garde aux soldats qui veillaient sur la personne du roi, et dans une partie plus élevée, qui dominait le parterre, des appartements aux secrétaires d'état.

Tel était le château de Saint-Germain, lorsque Louis XIV fut averti, d'une manière qui mérite d'être racontée, que ce palais devenait insuffisant pour loger tous les officiers et courtisans qui environnaient sa personne. Ce prince voulant y aller passer quelques jours, donna à son maréchal-des-logis de service, la liste des personnes qui devaient l'accompagner. « Je ne « crois pas, dit l'officier, que tout ce

« nombreux cortége puisse loger au
« château. — Comment, répondit le
« monarque, il faut bien que nous y
« logions; mon aïeul et mon père y
« ont bien logé. — Voilà de plaisants
« rois dont vous me parlez là, répli-
« qua le courtisan (1). » Cette réponse,
où la flatterie prenait le ton de la brus-
querie, réussit; l'ordre fut changé, et
Louis XIV se décida à faire faire à
Saint-Germain des agrandissements
qui le missent en état de recevoir,
avec toute sa suite, un monarque qui
n'était pas un *plaisant roi*. Il conçut,
presque à la même époque, le projet
de faire bâtir un magnifique palais à
Versailles.

Colbert fit abattre, par ordre du roi,
les tours qui flanquaient les façades du
bâtiment, et Mansard les remplaça par
les cinq pavillons que nous avons devant nous, et dont la construction

(1) *Histoire de la Ville et du Château de Saint-Germain-en-Laye*, pag. 152.

coûta un million six cent mille francs. On fit en même temps une réparation générale, et de nouvelles distributions intérieures, que nous reconnaîtrons en partie. Les fossés furent creusés et élargis; les terres qui en provinrent furent répandues autour du château, et élevèrent le sol d'environ trois pieds au-dessus du parterre : on les maintint par un petit mur de soutènement, terminé par quatre perrons, placés à diverses distances, et dont le principal faisait face au parterre. On fit disparaître les anciens ponts-levis et le pont couvert, qui servaient d'issues. On voit encore des avances en pierre, construites pour recevoir deux petits ponts-levis construits en même temps que les pavillons, l'un pour sortir par le pavillon nord-ouest, dit de l'*Horloge*, l'autre par celui de l'est, dit mal à propos de *Madame de la Vallière*. Les bâtiments qui formaient la cour des cuisines tombant de vétusté, furent démolis : on en éleva d'autres qui s'étendirent du parterre à l'église, et formèrent le grand commun.

Louis XIV habita le château de Saint-Germain jusqu'en 1682, et depuis il servit d'asile à Jacques II, à la reine sa femme, à ses courtisans; après la mort de ces illustres réfugiés, et la dispersion de ceux qui les environnaient, il fut abandonné à la garde d'un gouverneur et de quelques officiers. Pendant la révolution, les bâtiments qui en dépendaient furent vendus, changèrent de forme et de destination. Les principales pièces du château servirent de lieu de réunion pour les assemblées publiques, d'autres servirent de prison, et plus tard furent louées à des particuliers pour le compte du gouvernement. Cette mesure, quoique peu productive, eut au moins pour résultat de prévenir les dégradations qui seraient survenues par suite d'un abandon total.

En mars 1809, Napoléon fonda au château de Saint-Germain une école militaire spéciale, destinée à former des officiers de cavalerie. A cette occasion, il fut fait de grands changements dans les distributions intérieures, et notamment au premier étage, dont toutes les grandes pièces devinrent des salles d'étude. Cette école fut dissoute par ordonnance royale du 26 juillet 1814.

L'extérieur du château conserve encore un aspect imposant par sa masse. Il occupe une superficie d'un hectare cinquante-cinq ares et seize centiares. La façade, du côté du parterre, est gâtée par une avance en pierre de taille, qui renferme des lieux d'aisances. Celle sur la place dite du *Château*, bâtie par François Ier, est en pierre, et en conséquence, d'une décoration différente du reste du bâtiment, partout ailleurs en pierre et en brique. De vastes fossés règnent autour; un balcon de fer, placé en 1668, et faisant le tour de l'édifice, à la hauteur du premier étage, en est un des plus utiles ornements.

Plusieurs écrivains assurent que la forme d'un pentagone irrégulier a été donnée à la cour du château par une galanterie de François Ier, qui voulait qu'elle ressemblât à un D gothique, première lettre du nom de Diane de Poitiers. Cette supposition n'a rien de fondé. Au lieu de chercher de la finesse et de la galanterie jusque dans un monceau de pierre, il est bien plus naturel de présumer qu'on a multiplié les faces du château, pour multiplier les points de vue qui, de tous côtés, sont admirables.

On retrouve encore aujourd'hui, à travers plusieurs constructions plus ou moins nouvelles, des parties de la forteresse bâtie par Louis-le-Gros. A deux étages de profondeur, sous la cour, on découvre les restes d'un escalier, avec les fondements et les premières assises d'une tour, qu'il desservait; c'est tout ce qui en subsiste. Quant aux preuves que François Ier a fait travailler au monument que nous visitons, elles se montrent dans les chiffres et les salamandres sculptés en divers endroits, et particulièrement sur les cheminées.

Du reste, les réparations qu'ont nécessité les diverses destinations du bâtiment, ont fait disparaître en partie les témoignages de son antiquité. Une balustrade en pierre, avec des pilastres de distance en distance, existait sur la terrasse supérieure, et régnait autour; comme elle exigeait de grandes réparations, on a jugé à propos de la supprimer lors de l'établissement de l'école de cavalerie, et de la remplacer par un mur d'appui. Le clocher, renversé entièrement par la foudre en 1683, ne fut point relevé sur le modèle de l'ancien, il fut rétabli en charpente, et recouvert en plomb.

Les distributions intérieures ont été si souvent changées, d'abord par Louis XIV, qui y fit faire de grands embellissements, ensuite par les divers gouvernements qui se sont succédé depuis 1789, qu'on n'y reconnaît que très peu de chose de celles qu'avait ordonnées François Ier. On retrouve cependant encore à l'ouest, la grande salle dont nous avons parlé, et qui servait pour les bals et les spectacles de la Cour. Le premier ballet dans lequel figurèrent des femmes, intitulé : *Le Triomphe de l'Amour*, fut exécuté dans cette salle, en présence de Louis XIV, le 20 janvier 1681. Plusieurs princes, seigneurs, et dames de distinction, n'hésitèrent pas à monter sur les planches pour l'amour d'un monarque qui ne croyait pas déroger à sa dignité, en leur procurant un plaisir semblable à celui qu'il recevait d'eux, à l'occasion de ce ballet. Le mélange des deux sexes sur un théâtre rendit cette représentation si brillante, que cette innovation fut sur-le-champ adoptée. Mais comme les dames de la Cour, quoiqu'en général très bonnes comédiennes, ne pouvaient pas figurer partout, on sentit la nécessité de les remplacer par des danseuses de profession : la chorégraphie éprouva donc une révolution complète, et c'est de 1681 que les nymphes de Terpsichore obtinrent le droit de déployer sur le théâtre leurs grâces légères et leurs poses voluptueuses.

La salle de spectacle du château fut restaurée en 1797, et on y donna quelques représentations, quelques bals de société, puis elle fut abandonnée. Des sous-officiers d'un régiment de cavalerie ayant voulu se donner le divertissement de jouer la comédie, la rouvrirent plus tard au public. Le sieur Le Bailly, tapissier, obtint, après leur départ, la permission d'y faire donner des représentations par des acteurs de différents théâtres de la capitale. Plus tard, il s'y organisa une troupe de comédiens ; mais en 1809, lors de l'installation de l'école de cavalerie, le sieur Le Bailly fut forcé de transporter son théâtre autre part, et fit construire, rue de Pontoise, la salle de spectacle que nous visiterons.

La salle dans laquelle nous nous trouvons a cent quarante et un pieds de longueur, sur quarante de largeur, est éclairée par huit grandes croisées, quatre sur la cour, et quatre sur la place de l'Eglise neuve. On voit encore sur la cheminée une salamandre en relief, et les armes de François Ier. Elle sert aujourd'hui pour la tenue du collége électoral.

Anne d'Autriche, habitait un appartement situé au premier étage, dans le pavillon du fond, à l'est, ayant vue sur le parterre et la terrasse. On retrouve encore dans le salon et dans la chambre à coucher, les marbres des cheminées, mais c'est tout ce qui reste de l'ancienne magnificence de cet appartement. Les tableaux et les peintures qui décoraient les salles et les autres pièces du château, et même ceux de la chapelle, ont été transportés à Paris en 1802, par ordre du ministre de l'intérieur. Le boudoir est encore garni des boiseries du temps.

Les appartements royaux qui existaient sous Louis XIV, et qu'on aimerait tant à reconnaître et à parcourir aujourd'hui, à cause des souvenirs qu'ils rappellent, ont été à leur tour, malgré le nom puissant qui semblait devoir les défendre, tellement divisés et subdivisés, qu'il est impossible de retrouver même l'emplacement de la plupart. Il est certain que toute la façade de l'est était occupée par les pièces principales et d'apparat, telles que la salle du trône, celle des ambassadeurs, etc.; et que les appartements du monarque étaient à l'ouest. La dauphine, Marie Anne Christine Victoire de Bavière, femme de Louis de France, habitait l'entre-sol, dans le pavillon de l'horloge : c'est celui qui est le mieux conservé. Les sculptures dorées, les corniches ornées de dauphins, les marbres précieux des cheminés, en brèche et en serancolin, sont en très bon état. Les anciennes boiseries du boudoir, sur les panneaux desquels on voit encore les chiffres AMV, sont un peu dégradées. Un petit oratoire qui y communique a conservé son ancienne décoration; dans la niche où était le prie-dieu, on retrouve, sculptés sur bois, les attributs de la Passion.

Au troisième, dans le pavillon de l'est, au fond de la cour, était l'appartement de madame de Montespan, dans lequel on voit encore les anciennes cheminées en bon état. Le boudoir, garni de boiseries dorées, est très bien conservé. Un petit escalier dérobé, qui conduit aux étages inférieurs, paraît être celui par lequel Louis XIV parvenait chez sa favorite.

L'appartement de madame de Montespan est généralement désigné comme ayant été celui de madame de La Vallière. C'est une erreur qu'il est facile de démontrer. Il est placé dans l'un des pavillons construits en 1680; or, madame de La Vallière, qui prit le voile de novice le 2 juin 1674, et prononça ses vœux le 4 juin de l'année suivante, ne put l'occuper six à sept ans avant qu'il fût bâti. Comme toutes les filles d'honneur, elle logeait dans les combles, et si on voulait trouver sa chambre, il faudrait la chercher parmi celles qui sont situées dans ces parties, à l'une des deux encoignures de la face du parterre. Effectivement, il y a aux fenêtres donnant sur la terrasse supérieure du château, des grilles qui paraissent être du temps où madame de Navailles reçut ordre d'en faire placer aux fenêtres de toutes les filles d'honneur, à l'occasion que voici :

Louis XIV manifesta de bonne heure ce goût amoureux qu'on qualifie de galanterie dans un souverain, qu'on méprise et qu'on appelle libertinage dans les sujets, parce qu'il ne convient qu'aux grands d'avoir des vices. Après avoir offert ses vœux inconstants à quelques-unes des jeunes beautés de sa cour, il paraissait se fixer à mademoiselle de Pons, lorsqu'un babillage de jeunes personnes lui apprit, dans les bosquets de Fontainebleau, le secret de la douce et tendre La Vallière, fille d'honneur de Madame. Flatté d'être l'objet d'une inclination mystérieuse, il abandonna ses dernières amours, et courut mettre son hommage aux pieds d'une belle qui paraissait disposée à les accueillir favorablement.

Dans un poème qu'on ne peut s'empêcher de lire, et qu'il est défendu de nommer, Voltaire a dit :

Princes et rois vont très vite en amour,

et cela est assez généralement vrai. Néanmoins, Louis éprouva d'abord une résistance à laquelle il était loin de s'attendre. La Vallière, entraînée par son cœur, et retenue par la vertu, ne pouvait se résoudre à une faiblesse dont le rang de son amant ne rachetait point, selon elle, la honte et l'ignominie. Le roi, en attendant qu'elle se décidât, jeta les yeux sur mademoiselle de La Mothe Houdancourt, qu'il voyait chez la comtesse de Soissons, et qu'à Saint-Germain il entretenait quelquefois à travers une ouverture ménagée dans une cloison qui séparait deux appartements du château. Quoique, dans le commencement de cette liaison, il eût approuvé la sévérité de la duchesse de Navailles, qui, chargée de la surveillance des filles d'honneur, lui défendait l'entrée de leurs chambres, il se lassa bientôt de cette consigne, et montra plusieurs fois l'humeur qu'elle lui causait.

La duchesse voyant bien que tôt ou tard le roi lui parlerait en maître, qu'elle serait forcée de fermer les yeux sur ses amoureuses entreprises, et peut-être de les servir, se trouva dans une étrange perplexité. Partagée entre le respect qu'elle portait à ses devoirs, et la crainte qu'elle avait de perdre son emploi et de tomber, avec son mari, dans la défaveur, elle se rendit au Val-de-Grâce, pour y consulter un homme pieux et d'une grande moralité, qui lui dit nettement que son hésitation était déjà un crime, et qu'il lui fallait faire, sans retard, le sacrifice de toutes ses dignités, plutôt que de servir par une complaisance criminelle les amours adultères du roi. Elle prit la route de Saint-Germain en pleurant amèrement, et rentra désolée. Aussi pourquoi s'être adressée à un homme consciencieux; un profès de la compagnie de Jésus, ou même un simple frère, lui eût indiqué le moyen de favoriser les inclinations de son maître sans s'écarter de la voie du salut.

La nuit même de l'absence de la duchesse, Louis, après avoir escaladé les gouttières, et gagné la terrasse supérieure du château, était parvenu au logement des filles d'honneur placé, comme nous l'avons dit, dans les combles, et avait pénétré par la fenêtre dans la chambre de mademoiselle La Mothe Houdancourt. Instruite de cette équipée royale, la duchesse de Navailles, à son retour à Saint-Germain, ne balança point à faire griller la fenêtre de mademoiselle de La Vallière, qui, de suite, fut regardée, et passe encore aujourd'hui pour l'héroïne de cette aventure. Le roi dissimula son mécontentement, et sembla même approuver les précautions que prenait la duchesse de Navailles; mais, sans perdre un instant, il lui ordonna de faire griller toutes les fenêtres des filles d'honneur de la reine et de Madame, et lui défendit de dire qu'il lui en avait donné l'ordre. Cette mesure générale ne sauva pas l'honneur de celle qu'on accusait, mais elle lui évita l'humiliation d'être seule l'objet d'une précaution injurieuse que rien encore dans sa conduite ne rendait nécessaire (1).

Revenons au château. Par suite de l'erreur qui veut que l'appartement de madame de Montespan ait été celui de madame de La Vallière, on dit qu'il y avait au plafond du boudoir une trappe s'ouvrant sur la terrasse du château, par laquelle on prétend que le roi s'introduisait chez cette dernière. Ce conte se réfute par ce que nous avons dit plus haut; ensuite la voûte a peut-être, en

(1) *Histoire de la Ville et du Château de Saint-Germain-en-Laye*, pag. 149; et aux notes, pag. 525.

cet endroit, quatre à cinq pieds d'épaisseur, et est surmontée par un comble en charpente, couvert en tuiles et en ardoises. Jamais il n'y a eu de trappe en cet endroit, et ce qu'on montre comme en ayant été l'emplacement, n'est que celui d'un tableau de plafond.

Dans toutes les constructions féodales, et dans tous les châteaux royaux, bâtis surtout depuis Louis XI, il existait une de ces redoutables prisons d'état connues sous le nom d'*oubliettes*, et dans lesquelles un malheureux une fois descendu, était perdu sans retour. Celles de Saint-Germain, aussi anciennes que le château, ou qui datent au moins de François Ier, étaient adossées à l'épaisseur d'un pilier en pierre, qui porte les retombées des voûtes d'une partie du pavillon dit de l'*Horloge*, qui n'était autrefois qu'une tour flanquant les ailes nord et ouest de l'édifice. Ces oubliettes, dont une partie existe encore, avaient six pieds carrés, descendaient à dix pieds au-dessous du niveau des caves, qui ont deux étages l'un sur l'autre, et s'élevaient jusqu'au premier étage du bâtiment. La hauteur a été interrompue au niveau du rez-de-chaussée, par les constructions faites sous Louis XIV. Les murs qui environnent ces oubliettes ont jusqu'à vingt pieds d'épaisseur, par suite des additions qu'il a fallu faire pour joindre les constructions nouvelles au corps de l'édifice.

L'entrée de ce gouffre, dans lequel ne pénétrait pas même l'espérance, était fermée par deux portes. L'une, de six pouces d'épaisseur, et doublée en fer, a été détruite lors de l'établissement de l'école de cavalerie ; la deuxième fut conservée. A cette époque, les oubliettes furent comblées jusqu'à la hauteur du sol des caves. Quelques marches qui existaient encore, et qui servaient à descendre dans cette fosse, indiquaient à quel funeste usage elle était destinée.

Sur les murs de ce souterrain on remarquait avec douleur des armoiries grossièrement sculptées par des mains inhabiles. Ces ouvrages étaient les délassements de quelques malheureux prisonniers, à qui il ne restait que ce moyen de faire connaître à leurs successeurs dans ce lieu sépulcral, qu'ils y avaient gémi avant eux, et y avaient subi la mort qui les y attendait.

Plusieurs grilles placées à diverses hauteurs, dans le mur principal du puits de descente, formaient autant de cachots obscurs, qui ne recevaient d'air que par l'ouverture du gouffre. Depuis Louis XIV, ces cachots ont été transformés en de vastes caves qui communiquent aux fossés du château.

Nous allons visiter à présent la chapelle. Nous ne savons pas s'il y en avait une dans le château que les Anglais incendièrent en 1346, mais nous sommes certains que Charles V, en le reconstruisant, en fit bâtir une, dont la desserte fut donnée aux religieux d'Hennemont. Cette chapelle, jusqu'au temps de Louis XIII, ne fut guère remarquable que par la hardiesse et la légèreté de sa construction; mais ce monarque, que la mélancolie portait naturellement à la dévotion, y donna des soins particuliers, y fit des réparations importantes, y ajouta de grands embellissements.

Louis XIII, par lettres-patentes de juin 1639, établit des clercs pour la desservir. Par d'autres lettres du 22 mai 1640, il ordonna d'ériger un tabernacle sur le maître-autel, et de suspendre devant une lampe de vermeil, de la valeur de trois mille livres. Par les mêmes lettres, il y attacha un chapelain, à qui il imposa l'obligation d'y célébrer tous les jours une messe basse.

La voûte fut ornée de peintures à

fresque, exécutées par Vouet et ses élèves, Lesueur, et Lebrun. L'intérieur fut garni de tableaux peints par les plus grands artistes, nationaux et étrangers. Le maître-autel, formé de colonnes composites, d'un très beau marbre noir, avec des bases et des chapitaux de marbre blanc, avait pour principal ornement le magnifique tableau de la Cène, par N. Poussin, qu'on admire aujourd'hui au Musée : on y remarquait un très beau Christ d'ivoire, qui passait pour un ouvrage de Michel Ange. La chaire était simple, mais sculptée habilement, comme toutes les boiseries qui garnissaient la chapelle. Le buffet d'orgues, commencé sous Henri II et fini sous Charles IX, était décoré de colonnes cannelées d'ordre composite, d'un ensemble plein d'harmonie, et d'un dessin pur et agréable. Les ornements sacerdotaux, et les autres objets nécessaires pour célébrer les offices, étaient tous d'une grande richesse et d'un travail fini. On communiquait, comme on communique encore, de cette chapelle à tous les appartements du château, par une tribune qui est à la hauteur des grilles; et telle était sa richesse et sa magnificence, que Louis XIV, malgré le goût qu'il avait pour les embellissements, ne trouva rien à y ajouter.

Cette chapelle, de construction dite improprement gothique, fait partie de la masse du château, et ne s'élève qu'à la hauteur de son second étage. Elle est entourée de corridors et d'escalier, qui y communiquent par des portes inaperçues de l'intérieur. Elle a environ quarante pieds de hauteur, trente de largeur, et soixante et dix de longueur. La voûte est soutenue par des piliers ornés de fuseaux du même style que le reste du bâtiment, et qui se croisent en tout sens. La coupole du chœur se distingue par sa légèreté; des rosaces en pierre, fort bien sculptées, laissent apercevoir une tête couronnée au centre de leur assemblement, servant de clef aux différents arcs de la voûte. L'intérieur de ce temple est éclairé par des ouvertures garnies de trèfles en pierre, et surmontées d'ogives en fuseau.

La chapelle resta comme elle était, et fut soigneusement entretenue quand la Cour eut été transportée à Versailles; d'anciens habitants, qui se rappellent sa splendeur passée, n'en parlent qu'avec enthousiasme ; mais lors de la révolution tout cet éclat disparut. L'autel fut démoli, les colonnes furent renversées, et transportées plus tard au Musée des Petits-Augustins, à Paris, où on les voyait encore il y a quelques années. Les boiseries du chœur furent brisées ; les parquets, arrachés ; les grilles, vendues; les carreaux en marbre, de la nef, mutilés et détruits ; et des inscriptions, cachées depuis des siècles aux yeux des hommes, furent mises à découvert. Rien de ce qu'on put atteindre ne fut épargné. Les peintures de la voûte échappèrent cependant, comme par miracle, à cet affreux désastre. La poussière qui s'échappait des débris qu'on s'empressait d'accumuler forma, en s'élevant, un voile épais qui les déroba aux yeux des destructeurs. Malgré cela, ces peintures n'en sont pas moins perdues pour nous; oubliées pendant quarante ans, et dégradées par l'humidité, nous voyons journellement périr des chefs-d'œuvre que la faux du temps, et les passions humaines, plus cruelles encore, avaient jusqu'ici respectés.

Plus de 50,000 fr. furent dépensés en 1826 pour réparer cette chapelle. Nous n'examinerons pas s'il eût été mieux de n'avoir aucun égard aux constructions faites sous Louis XIII, qu'on a tâché de mettre en harmonie avec les travaux modernes; peut-être eût-il été préférable de prendre pour point de départ les constructions antiques, et de conserver à l'édifice son caractère primitif. Nous nous contenterons de dire quelques mots sur cette dernière restauration.

Le maître-autel a été replacé sur ses anciens piédestaux qu'on a relevés; les colonnes en pierre qui l'accompagnent ont été peintes en marbre ainsi que leur couronnement, et rehaussées de dorures et de décors distribués avec goût; les chapiteaux des colonnes ont été dorés en entier, de même que leurs bases. On a restauré les deux tribunes latérales, rétabli les anciennes balustrades de la nef, refait la tribune du fond en la rattachant à ces balustrades que l'on a redorées. Sous cette tribune, où il y avait autrefois six colonnes qui produisaient un bel effet, on n'en a replacé que deux, ce qui nous semble moins heureux. On a refait la boiserie du chœur seulement, d'après les données qu'ont pu fournir les débris des anciennes. On a remplacé par des mitres entourées de guirlandes, les décorations des quatre portes du chœur, et on les a peintes pour leur donner le ton de la boiserie neuve. Cette peinture était nécessaire sans doute, mais elle empêche de reconnaître de suite la beauté du travail, et force l'observateur à la chercher.

Le bénitier paraît être aussi ancien que la chapelle, et peut-être date-t-il de l'époque de sa construction : il est en marbre et a la forme d'une coquille ouverte. Ce n'est pas ce qu'il y a de moins intéressant dans cette chapelle pour ceux qui aiment à remonter dans les siècles écoulés, et à chercher dans les objets qui les ont traversés le souvenir des personnes qui les illustrèrent.

On regrette que les niches latérales du chœur soient restées vides, et qu'on n'ait rien placé sur chaque groupe des colonnes de l'autel, où était autrefois les deux anges adorateurs. Les vitraux, qui étaient en verre ordinaire, ont été remplacés par des panneaux avec bandelettes en verre de couleur, dont les reflets produisent un effet avantageux sur les dorures des piliers. Une grille simple et de bon goût sépare le chœur de la nef, dont les murs ont été peints en marbre blanc, mais avec moins de talent que le maître-autel, où la vérité d'imitation laisse peu à désirer. Le chœur est planchéié, et la nef, pavée en carreaux de marbre noir et de pierre de liais. On a cherché à marier les dorures neuves qui vont jusqu'au-dessus des tribunes, avec les dorures des anciennes voûtes.

Dans la nef se trouvent des tableaux qui se détériorent tous les jours davantage, et qu'on a raccordés çà et là par quelques coups de pinceau qui sont loin de leur rendre leur beauté primitive. On a senti un instant combien il était important de restaurer cette partie intéressante. M. Abel Pujol, à qui ce travail a été proposé, demandait, pour l'exécuter, plus d'argent qu'il n'en avait été accordé pour la réparation entière de la chapelle; il a fallu y renoncer. Au-dessus du maître-autel, on a placé une copie du chef-d'œuvre de Poussin, au lieu de l'original qu'on y admirait autrefois. Cette chapelle, telle qu'elle est encore aujourd'hui, est bien faite pour exciter la curiosité.

Nous allons, pour continuer notre promenade, visiter les ruines du Château-Neuf.

Vers 1596 ou 1600, Henri IV ayant résolu de faire de Saint-Germain son séjour le plus habituel, projeta d'y construire une maison royale, plus belle, plus moderne, et ayant moins l'air d'une forteresse que le château que ses prédécesseurs et lui-même avaient habité. Selon une opinion généralement répandue, ce fut François Ier qui conçut l'idée et jeta les premiers fondements du Château-Neuf;

et les troubles occasionés par les guerres de religion auraient forcé ses successeurs à abandonner les constructions commencées. Ainsi Henri IV n'aurait fait que les reprendre et les conduire en grande partie à leur achèvement. Que cette circonstance, sur laquelle nous n'avons point de données positives, soit ou non véritable, c'est ce qui ne nous importe guère. Nous savons avec plus de certitude, que Henri IV chargea son architecte Marchand de lui présenter des plans, et que celui-ci résolut de placer le château du côté de la rivière, et sur le penchant de la colline, afin que la Cour pût jouir des points de vue magnifiques qui s'offraient de toutes parts. Quant aux jardins, il se décida à les faire en terrasse, parce que la côte ne lui permettait pas de leur donner un vaste développement horizontal.

Voici, à l'occasion de la construction du Château-Neuf, une anecdote empruntée à l'*Histoire de la Ville et du Château de Saint-Germain-en-Laye* (1), qui n'en garantit pas l'authenticité. Nous la raconterons à notre voyageur, parce qu'elle a trait à Henri IV; mais nous imiterons l'auteur de l'ouvrage que nous citons, nous n'en répondrons pas, et nous la donnerons pour ce qu'elle vaut.

Parmi les terrains et les propriétés dont il avait besoin pour les constructions, Henri IV avait acheté, le long d'une petite route qui se dirigeait à travers les vignes, depuis le sommet de la côte jusqu'au Pecq, plusieurs bicoques qui appartenaient à des habitants de ce village, et comptait acquérir facilement toutes celles dont il aurait besoin. Trois notables de l'endroit, possesseurs de mauvaises barraques, en avaient décidé autrement. Fiers de leur titre de propriétaires, ils refusèrent de vendre leurs

(1) Page 99.

habitations au prix qu'on leur en offrait, et résistèrent à toutes les instances que l'on fit auprès d'eux pour les décider à recevoir en paiement de leurs tristes masures, une somme bien supérieure à celle qu'elles pouvaient valoir. On commença les constructions sans paraître s'en occuper davantage. Alors, des habitants du lieu, en buvant avec les propriétaires récalcitrants, les sondèrent, et parvinrent à les faire consentir à leur vendre les maisons auxquelles ils paraissaient tenir si fortement; ce qui fut d'autant plus facile, que, remarquant qu'on continuait les travaux sans s'embarrasser d'eux ni de leurs maisons, les propriétaires commençaient à craindre qu'on s'en passât; ce qui les aurait exposés à perdre les avantages qu'ils avaient refusés d'abord. Cette affaire ainsi arrangée, deux notables du Pecq vinrent faire hommage au roi des maisons et dépendances qu'il avait tant désiré acquérir. Le roi, dit-on, fut si charmé de ce procédé, qu'il accorda aux habitants de ce lieu une exemption de charges et impôts publics.

Les travaux du Château-Neuf et des jardins furent poussés rapidement; et, sans pouvoir dire à quelle époque ils furent terminés, car, à proprement parler, ils ne le furent jamais, et même quelques constructions tombèrent en ruine avant d'être achevées, on peut regarder l'an 1603 comme celle où les appartements royaux furent habitables, car, depuis cette date, on voit Henri IV y faire de fréquents séjours.

Il n'entre pas dans notre plan de donner à notre voyageur la description de ce château, et surtout des jardins, qui passaient pour une des plus admirables choses que l'on eût jamais vues, et que tous les écrivains contemporains ont célébrés avec une espèce d'enthousiasme; s'il désire en avoir une idée complète, il peut la prendre dans l'*Histoire de la Ville et du Château de Saint-Germain-en-Laye* (1), qui nous sert de guide pour ce petit ouvrage. Il y trouvera une peinture des merveilles que les nationaux et les étrangers allaient visiter, et dont nous ne lui montrerons que les débris. Cependant, nous ne pouvons résister au désir de copier dans André Duchesne, une courte description de ces lieux enchantés; on verra comment, dans son vieux langage, cet auteur exprime sa naïve admiration.

« Je ne veux m'arrester à montrer
« icy les terres, les galleries, les sales,
« les chambres, antichambres, les
« cours, les offices, les jeux de paulme,
« l'église, les vignes, les bois, les
« routes, les montagnes, les valons,
« les prés, la vilette basse, au pied,
« ceint de la rivière de Seine, qui va
« léchant ses bords; je ne veux m'ar-
« rester à descrire la forest voisine des

(1) Page 101.

« murailles de ce chasteau, couverte
« d'une feuille si épaisse et si touffue,
« que le soleil, en sa plus ardente cha-
« leur, ne la sçauroit transpercer; fo-
« rest, où les poëtes du temps passé,
« eussent peû dire s'ils l'eussent veue,
« que c'estait celle mesme où Pan, ce
« grand veneur, les Faunes, Satyres,
« Dryades, Hamadryades, et toutes
« les déités forestières, avoient accou-
« tumé de faire leur retraite; forest,
« dis-je, riche d'un jeu de mail; le
« long duquel il y a des pavillons
« quarrez, faits et massonnez exprès
« pour reposer, ou pour recevoir l'as-
« semblée des regardants. Seulement,
« je veux dire que nos rois, pendant
« l'honneur et la sûreté de la paix, ont
« presque toujours choisi leur retraite
« en cette noble maison.

« Et à la vérité, si jamais la ma-
« jesté des lys a honoré et révéré lieu
« de nostre France, je croy que ça esté
« ce chasteau, après celuy de Fontaine-

« bleau... François Ier, qui s'y plaisoit
« fort, à cause des longues et larges
« routes de bois voisins faites exprès,
« pour aisément et avec plus de plaisir
« courir le cerf à force, le sanglier, le
« chevreuil même, l'embellit de nou-
« veaux édifices, et fit relever ce qui
« tomboit en ruine. Mais l'accomplis-
« sement et la perfection de son orne-
« ment, il le doit au défunt roy Henri
« IV d'heureuse mémoire, qui a rendu
« cette maison de ses prédécesseurs
« vraiement royale. Il a fait bâtir un
« nouveau château sur cette croupe de
« montagne pratiquée sur les flancs
« du rocher, plus proche de la rivière,
« auquel il n'a rien épargné de ce qui
« pouvoit éclairer sa gloire, et relever
« son honneur au plus haut point.

« L'escalier qui est à l'entrée, où
« sont gravées les images d'Hercule
« et d'un lion, les fontaines, les pe-
« tits ruisseaux frais et argentins qui
« coulent au fond des petits valons

« pour rafraischir les plantes et les
« fleurs des parterres et comparti-
« ments des jardins, y sont admira-
« bles ; mais sur tout cela, les grottes
« auxquelles il semble que les plus ra-
« res merveilles de la nature ayent ré-
« solu de suborner les sens, ényvrer
« la raison, et peu à peu dérober la'me
« de ceux qui les regardent ou enten-
« dent, leur faisant perdre le senti-
« ment, soit de l'œil, soit de l'ouye.

« Les anciens avoient ignoré l'in-
« dustrie de faire élever et remonter
« les eaux plus haut que leur source,
« et nous et les nostres fussions de-
« meurez dans cette ignorance, sans
« l'ingénieuse et hardie invention de
« Claude de Maconnis, président des
« finances en la généralité de Lyon,
« qui le premier en a fait preuve avec
« admiration, premièrement aux fon-
« taines de ce nouveau chasteau de
« Saint-Germain-en-Laye, et depuis
« aux maisons du mareschal de Rets à

« à Noisy, et du premier président de
« Paris à Stim.

« Par le moyen de cette élévation,
« et à la faveur des secrets ressorts de
« ces eaux remontantes, l'industrie hu-
« maine nous y fait voir aujourd'huy
« de belles et rares pièces, dans les
« grottes tant hautes que basses. Et,
« premièrement, quant aux autres,
« elles sont si artistement pavées et
« encroustées partout de divers rangs
« de coquilles d'ouitres et moules, que
« l'assemblée des regardans se sent
« plutost mouillée, qu'elle ne s'aper-
« çoit d'où peut procéder l'accident.
« Dedans la première est une table de
« marbre, où par l'art d'un enton-
« noir, s'élèvent en l'air des couppes,
« verres, et autres vaisseaux bien for-
« mez par la seule matière de l'eau.
« Près de là y a une nymphe élevée à
« demy en basse, la face riante, belle
« et de bonne grâce, qui laissant em-
« porter ses doigts au branle que luy

« donne l'eau, fait jouer des orgues,
« je dis de ces instrumens organiques
« qui furent premièrement en usage
« aux églises de France, sous Louis le
« Débonnaire, fils de nostre grand
« Charles. Il y a un Mercure près la
« fenestre, qui a un pied en l'air, et
« l'autre planté sur un appui, son-
« nant et entonnant hautement une
« trompette. Le coucou s'y fait enten-
« dre et reconnoistre à son chant.

« Sortant de là pour entrer en
« l'autre partie, se rencontre un fier
« dragon, lequel bat des ailes avec
« grande véhémence, et vomit violem-
« ment de gros bouillons d'eau par la
« gueule. Dragon accompagné de di-
« vers petits oisillons que vrayment
« l'on diroit non pas peints et contre-
« faits, mais vivans et branslans l'aile,
« qui font retentir l'air de mille sortes
« de ramages, et surtout les rossi-
« gnols y musiquent à demy, à l'envy,
« et à plusieurs chœurs.

« On voit de l'autre costé un bassin
« de fontaine enrichy de mille petits
« animaux marins, les uns en conque,
« les autres en écaille, d'autres en
« peau, tout entortillez par le reply
« des vagues et des flots courbez et
« entassez l'un sur l'autre; il semble
« à voir ces troupes écaillées que ce
« soit un triomphe marin. Sur l'une
« des faces, entre ces petits animaux,
« s'élèvent deux tritons par-dessus les
« autres, qui embouchent leurs con-
« ques tortillées et abouties en pointe,
« mouchetées de taches de couleur,
« aspres et grumeleuses en quelques
« endroits. Ils ont la queue de poisson
« large et ouverte sur le bas. Au son
« des conques, s'avance un roy assis
« en majesté, sur un char couronné
« de joncs mollets melez de grandes
« et larges fueilles qui se trouvent sur
« la grève de la mer. Il porte la barbe
« longue et hérissée, de couleur bleue,
« et semble qu'une infinité de ruis-

« seaux distillent de ses moustaches
« allongées et cordonnées dessus, ses
« lèvres, et de celles de ses cheveux.
« Il tient de la main dextre une four-
« che à trois pointes, de l'autre, il
« guide et conduit ses chevaux marins
« galoppans à bouche ouverte, ayant
« les pieds déchiquetez et découpez
« menu comme les nageoires de pois-
« son. Ils ont la queuë tortillée
« comme serpens; les rouës de ce char
« sont faites de rames et d'avirons,
« assemblez pour fendre et couper la
« tourmente et l'espaisseur des flots,
« comme à coups de ciseau. De l'autre
« face, sont des mareschaux en leurs
« habits de forgerons, la face noire de
« crasse et de suye, lesquels battent
« du fer sur une enclume, à grands
« coups de marteau, si c'étoient des
« cyclopes, je dirois qu'ils forgent des
« armes à notre grand Henry, comme
« ils en ont forgé chez les poëtes au
« vaillant Achille, et au pieux Énée.

« Et ce qui est de plus plaisant, et qui
« semble fait pour faire rire, c'est
« l'eau qui se lance à gros bouillons
« contre ceux qui se tiennent aux fe-
« nestres, qu'en un moment ils sont
« tout mouillez.

« Au-dessous et un peu plus bas,
« se voit une autre grotte que vous
« diriez d'un rocher ridé, caverneux,
« et calfeutré de mousse épaisse et dé-
« licate; comme s'il eust été tapissé
« de quelque fin coton. Là, vous voyez
« les bestes, les oyseaux, et les arbres
« s'approcher d'Orphée touchant les
« cordes de sa lyre, les bestes al-
« longer les flancs et la teste, les
« oyseaux trémousser les ailes, et les
« arbres se mouvoir pour entendre
« l'harmonie de ce divin chantre. Là
« est un Bacchus assis sur un ton-
« neau, tenant une coupe en main.
« Là, sont des déesses admirables en
« forme de demy colosses, et plusieurs
« autres pièces merveilleuses que je

« laisse pour la curiosité de ceux qui
« voudront en contenter leurs yeux.

« Au lieu où est le rocher, et tout
« devant le chasteau, vous remarquez
« une belle et admirable fontaine, qui
« surgissant à gros bouillons, se di-
« vise en plusieurs tuyaux qui serpen-
« tent et arrousent non-seulement les
« jardins, mais aussi fournissent d'eau
« à toutes ces petites merveilles artifi-
« cielles. »

Louis XIV ayant établi sa cour dans le vieux château, le palais bâti par Henri IV ne servait qu'aux réunions des assemblées du clergé de France, qui avaient lieu tous les cinq ans. Bientôt abandonné entièrement, il ne tarda pas à se dégrader, et on n'y fit aucune autre réparation que de relever une terrasse qui s'était écroulée en 1660. Jaloux de posséder une habitation plus moderne sur le terrain qu'Henri IV avait si bien choisi, et sur le lieu même où était né

Louis XIV, le comte d'Artois obtint, en 1776, du roi son frère, le château neuf et le boulingrin. Les démolitions furent faites en partie, et on commença des travaux qui, interrompus par les événements de la révolution, n'ont point été repris et ne le seront probablement jamais.

C'est à travers des décombres et des voûtes enfoncées, qu'il nous faut chercher des traces de l'ancienne magnificence du château neuf. Il est facile de distinguer les restes des constructions premières, de celles faites sur la fin du dernier siècle; mais sur les terrains aliénés, c'est avec quelque difficulté qu'on parvient à retrouver encore des portions des bâtiments. Nous commencerons notre promenade par les terrasses inférieures.

Les jardins, qui s'étendaient jusqu'au bord de la Seine, sont aujourd'hui des propriétés particulières, où on ne remarque qu'un pavillon d'un étage surmonté par un comble très élevé couvert en ardoises. Le chemin du Pecq aux vignes sépare ces jardins des grottes ; on voit encore, dans les débris d'un mur de terrasse qui borde le chemin, des pierres circulaires et un petit aqueduc. Au-dessus, et vers le milieu, se trouve un bâtiment décoré de niches carrées surmontées d'une partie circulaire et couronné par un autre renfoncement orné de médaillons. Au milieu sont trois arcades donnant entrée à une grande salle, décorée de pilastres portant des arcs doubleaux dont les entre-deux sont revêtus en brique. On voit encore une espèce de réservoir communiquant avec le haut par un soupirail destiné sans doute à la conduite des eaux qui alimentaient les jets placés à l'intérieur.

Dans un enfoncement, en suivant la pente gauche qui conduit au bâtiment dont nous venons de parler, il existe une pièce voûtée en arc de cloître, qui devait être richement décorée. Elle est en assez bon état de conservation, sa partie basse seulement est comblée par un amas de démolitions. Des arcs doubleaux en pierre et des tableaux garnis de coquillages et de nacre, portent sur une corniche chargée de moulures. La frise est ornée d'enroulements où se trouvent des fleurs de lis. Au milieu de chaque face on distingue encore un chiffre composé des lettres M H et de deux palmes croisées. On remarque dans les doubles niches de la nacre et des coquilles qui forment des dessins. A droite et à gauche sont des cariatides. Cette salle offre de l'attrait à la curiosité.

Un avant-corps avec pilastres toscans et piédestaux se rencontre à l'endroit où se termine la pente douce. Le mur soutenant la terrasse est décoré d'arcades entre lesquelles sont des tables saillantes en pierre. Le revêtement extérieur des six dernières est tombé et laisse la maçonnerie à découvert.

Plusieurs pièces de gauche, dont les jours sont en partie bouchés, se trouvent assez bien conservées. Quant à celles de droite, il n'en existe plus rien.

Les pentes douces, ainsi que les terrasses où elles aboutissaient, étaient pavées de petites pierres carrées parfaitement taillées. On en remarque encore plusieurs parties d'une grande beauté.

Sur la sixième terrasse, défoncée en plusieurs endroits par la chute des voûtes inférieures, s'élève un grand bâtiment en pierre qui a été reconstruit pour soutenir la partie qui s'était écroulée sous Louis XIV. La façade est décorée de niches circulaires et terminée par deux avant-corps, d'où partent des rampes sur lesquelles s'appuient les pentes douces qui descendent du haut. Une corniche ornée de consoles d'un assez beau caractère le couronne. L'intérieur est élevé de quatre marches au-dessus du sol; il se compose de plusieurs pièces où on remarque des stalactites en pierres sculptées. L'extérieur paraît n'avoir jamais été terminé.

Les murs qui s'élèvent au-dessus pour soutenir les jardins sont d'une grande hauteur ; ils sont bâtis en pierre et en brique, mais leur dégradation est telle, dans la partie supérieure, qu'on ne peut en reconnaître le couronnement. A l'extrémité à droite, du côté des vignes, on remarque un petit aqueduc disposé par étages et qui devait communiquer avec ceux qui se trouvaient dans le jardin au-dessus et dont il reste des vestiges. Ce mur est interrompu dans le milieu de sa longueur par un passage qui conduisait au château même.

On voit de même à droite un pavillon carré à deux étages, couvert en dôme. L'extérieur, décoré d'assises, de tableaux en pierre et remplissage en brique, avec une corniche de bon style, produit encore un bel effet. Le rez-de-chaussée renferme une salle dont la voûte est enjolivée de coquillages, de nacre, et de petites figures en relief. Un escalier conduit au premier étage qui forme la chapelle du château. On y trouvait, il y a peu d'années, de très beaux restes des ornements qu'on y admirait autrefois. Ce pavillon ayant été loué par bail emphytéotique, on a voulu en faire une maison d'habitation, et pour y parvenir, on a coupé la chapelle sur sa hauteur par un plancher, et divisé le bas en un petit appartement. Malheureusement ces travaux ont fait disparaître ce qu'il pouvait y avoir de curieux. Le domaine est rentré depuis dans cette propriété.

On peut voir encore, à gauche de la chapelle, une baie pratiquée dans un mur de soutenement qui donne entrée à un caveau octogone bien conservé et parfaitement sec, quoique couvert de plus de six pieds de terre.

La partie gauche, qui correspond à ce que nous venons de décrire, était en tout semblable à celle-ci pour l'ensemble des constructions; devenue depuis long-temps une propriété particulière, la distribution intérieure ne présente plus rien de ce qui existait.

Les bâtiments qui font face au parterre et à la grande terrasse ont été élevés sur les fondations de ceux du château neuf. Le rez-de-chaussée de la maison dite *Hôtel du vieux château* a subi peu de changements, et le pavillon qui est situé dans la même propriété est un des six qui bordaient la cour principale.

Voilà tout ce qui survit à tant de grandeur et de magnificence, voilà tout ce qui reste d'un palais bâti par Henri IV, et dans lequel naquit Louis XIV. L'œil, affligé, ne rencontre plus que des monceaux de ruines, que le temps assiége et disperse tous les jours.

Après nous être livrés aux sentiments de mélancolie que ces tableaux de désolation nous inspirent, nous allons suivre la rue des Arcades, et entrer dans des lieux qui ont été frappés aussi par la main du temps, mais qui du moins n'ont fait que changer de forme, et qui, grâce aux travaux des hommes, vont nous apparaître avec d'autres beautés. Nous sommes dans le Parterre.

Lorsque François Ier fit faire des agrandissements au vieux château, les arbres qui masquaient autour le point de vue, furent abattus, et remplacés, vis-à-vis de la façade nord-ouest, par un jardin de peu d'étendue que Louis XIV fit agrandir en 1674, et planter en *parterre*, sur les dessins de Le Nôtre. Ce jardin se composait de deux grandes pièces bordées de buis, où étaient des bassins de quarante pieds de diamètre placés, l'un en face de la Surintendance, vis-à-vis le pavillon du château dit *de l'Horloge*, et l'autre, vis-à-vis du pavillon de l'est, environnés tous deux de plates-bandes garnies de fleurs de toutes les saisons, et séparés par une allée de dix toises de large se dirigeant vers les Loges, et au bout de laquelle on voyait un troisième bassin de quatre-vingts pieds de diamètre. Ce jardin, entouré de contre-allées, de tilleuls, et de marronniers d'Inde, qui fournissaient une délicieuse fraîcheur, était séparé de celui de la Dauphine par un bosquet charmant, par quatre rangs d'ormes, et par une orangerie garnie des arbrisseaux les plus rares. Une vaste allée de marronniers conduisait de l'extrémité du Parterre à la grande terrasse.

La façade du château avait été mise en harmonie avec ces plantations : un perron de quatre-vingts pieds de large régnait sur toute la largeur du jardin. A la place de la grille qui fait face à la route des Loges, était un perron de cent soixante pieds de longueur, surmonté de deux autres de vingt pieds chacun.

Ces plates-bandes et ces perrons n'existent plus ; les bassins et jets d'eau avaient besoin de réparations, on les a comblés en 1750 ; les buis et le bosquet ont été arrachés ; l'orangerie a été démolie à la même époque ; le jardin de madame la Dauphine a aussi disparu : une partie des grilles qui le fermaient a été placée en face de l'avenue des Loges, et le reste fut donné au duc d'Ayen pour son hôtel. On a caché par une haie le mur qui sépare le Parterre de la forêt ; entre cette haie et ce mur il existe un espace dans lequel se trouvent un jardin assez mal entretenu, et deux glacières qui dépendent du domaine royal.

On doit au maréchal de Noailles, long-temps gouverneur de Saint-Germain, les grilles principales du parterre et celles qui séparent la ville des issues de la forêt.

Le Parterre, qui ne devrait plus porter ce nom, puisqu'on y chercherait en vain une fleur, est cependant encore une très belle promenade. Sa superficie est de douze hectares dix-neuf ares trente centiares. Le long des fossés du château s'étend en pente un terrain plus élevé que le sol; au bas, se trouvent deux pièces de gazon formant une vaste pelouse, terminée à gauche par des maisons particulières et par une allée de tilleuls; à droite, par une allée semblable, au-dessus de laquelle domine majestueusement la cime des marronniers; à l'extrémité est une grille. Au bout de la pelouse à droite, s'ouvre une magnifique allée placée parallèlement au château, et aboutissant à la petite terrasse qui se trouve entre le château et la place Dauphine : c'est le lieu de réunion et la promenade favorite des *fashionables* de la ville.

De la grande allée au vieux château, est un vaste quinconce planté de jeunes tilleuls et entouré d'allées doubles. Au centre on a réservé une place autour de laquelle sont plusieurs bancs de pierre.

Il y avait une entrée du Parterre qui venait de la rue du Château-Neuf, passait près des fossés du château, et conduisait à une superbe avenue de marronniers parallèle à la terrasse et correspondante à une grille sur la forêt.

Après avoir parcouru le Parterre et le Quinconce, nous sortons par la porte Dauphine, où se trouve ordinairement sellés et bridés, des ânes qui, sans avoir la réputation européenne de leurs confrères de Montmorency, n'en offrent pas moins aux promeneurs un moyen de transport et une occasion de divertissement.

L'avenue qui se déploie devant nous est la Terrasse : cette magnifique promenade, construite en 1676 par Le Nôtre, s'étend, sur une longueur de douze cents toises et sur une largeur de quinze, depuis le château jusqu'à une des portes de la forêt qu'elle longe dans toute son étendue. La partie qui touche à la futaie, plantée en 1745 d'une ligne de beaux arbres et d'une charmille, donne un agréable ombrage aux promeneurs. La partie opposée, appuyée dans toute sa longueur sur un mur de soutenement et bordée d'un garde-fous en bois, offre une perspective immense dont la variété de ses aspects fait un des plus beaux points de vue de la France, et peut-être de l'Europe.

D'un côté, le spectateur découvre entre le coteau et le lit onduleux de la

Seine qui se déroule à ses pieds comme un ruban d'azur, le château de Maisons, les villages et hameaux du Mesnil, Vaux, Carrières-sous-Bois, le Belloi, le Pecq, le château et la ville de Saint-Germain, le Port-Marly, la pompe à feu, et l'imposant aquéduc qui semble suspendu dans les nuages, l'île de la Loge, Prunai, Louveciennes, Voisin-le-Bois, la Celle, Bougival, la Chaussée, la Jonchère, Ruel, Nanterre, la Malmaison, et le Mont-Valérien.

De l'autre côté du fleuve, et vis-à-vis le Mesnil, les yeux se reposent sur les villages d'Herblai, Montigny, la Frette, Cormeil, Sartrouville, Houille, Montesson, le bois du Vésinet, Croissy, Chatou, Argenteuil, les tours de l'antique abbaye de Saint-Denis, et dans le lointain s'élève le dôme doré des Invalides, étincelant des feux du soleil. Sous les yeux, et tant que la vue peut s'étendre, se déploie une multitude de cultures aussi riches que variées, animées par une population partout en mouvement.

Tel est le superbe point de vue dont on pouvait tirer un si beau parti, auquel Louis XIV préféra l'emplacement ingrat et stérile de Versailles, et dont les étrangers viennent admirer l'imposante majesté.

Nous avons parcouru la Terrasse dans toute sa longueur, et nous sommes arrivés à une place nommée l'Octogone, à cause de sa forme; une des entrées de la forêt se présente à nous. Dans l'alignement de la Terrasse, nous apercevons un peu plus loin, un ancien fief de peu d'importance nommé *Balroy*, par corruption le *Belloy*, transformé en une maison de campagne située dans la position la plus heureuse. Plus loin encore, apparaît le village de Carrières-sous-Bois, où s'élevait un château qui a été démoli, ainsi qu'une chapelle fort ancienne dediée à Saint-Pierre, laquelle tombait en ruines.

La forêt de Saint-Germain, telle qu'elle existe aujourd'hui, est un démembrement de l'ancienne forêt d'*Iveline*, une de plus vastes de la Gaule, qui occupait presque toute la Beauce et se prolongeait vers le nord, en comprenant l'espace circonscrit par la Seine, depuis le village du Pecq jusqu'à Poissy.

La forêt d'Iveline inspira longtemps des terreurs superstitieuses aux populations qui l'avoisinaient, et aux étrangers que leur marche approchait de ses chênes prophétiques. Lorsque les Normands firent en France ces invasions destructives, qui furent, pendant tout le cours du neuvième siècle, si fatales aux environs de Paris, ils n'osèrent jamais hasarder leurs têtes sous les ombrages redoutés de la forêt d'Iveline. Une de leurs bandes débouchait toujours par Pontoise, suivait les bords de la Seine jusqu'à Chatou, et même au-delà, sans pénétrer dans le bois qui s'étendait de Poissy au Pecq. Une autre longeait la rivière jusqu'à Hennemont et Saint-Léger, de manière que la forêt, débordée à droite et à gauche, n'entendait pas retentir dans son enceinte le cri de guerre d'un seul barbare.

A mesure que la religion chrétienne s'étendit et se consolida dans la Gaule, les terreurs qu'inpirait une superstition étrangère, se dissipèrent par dégrés, et les redoutables divinités dont l'imagination fantasque des Gaulois avait peuplé les forêts, furent exilées sans retour. Les moines, à qui la France doit ses défrichements et ses premières cultures portèrent la hache dans les profondeurs impénétrables de la forêt d'Iveline. Bientôt tombèrent avec fracas, ces chênes mystérieux si chers aux Druides, bientôt parut aux rayons d'un soleil bienfaisant, un terrain riche de tous les germes de la plus heureuse fécondité. Des moissons abondantes couvrirent ces campagnes long-temps le repaire d'animaux farouches, dont l'espèce a péri entièrement en France, et qu'on ne retrouve aujourd'hui que sous des latitudes éloignées et sauvages.

La forêt d'Iveline disparut en grande partie. Les cantons qui échappèrent aux défrichements, séparés par les habitations et les cultures, prirent des noms particuliers, empruntés des lieux qui les avoisinaient et furent appellés : la *forêt de Saint-Léger*, la *forêt de Dourdan*, les *bois de Rambouillet*. Il n'en reste qu'une seule près de cette dernière ville, qui ait conservé jusqu'à ce jour le nom de la forêt primitive dont il est un démembrement, et qui s'appelle encore le *bois des Ivelines*. Quant au canton qui forme aujourd'hui la forêt de Saint-Germain, on lui donna le nom de *forêt de Laye* qu'il porte encore quelquefois.

Nos rois donnèrent des soins particuliers à la conservation de la forêt de Laye, qui faisait partie du domaine de leur couronne. Dès 1294, Saint-Germain était le chef-lieu d'une administration locale chargée de l'aménagement et de la surveillance, tant de la forêt principale que de celles qui en dépendaient. Louis XIV et Louis XV l'accrurent de divers terrains qu'ils firent planter en bois.

La forêt de Saint-Germain couvre une surface de 4397 hectares 41 ares, ou 8610 arpents 23 perches, et est partagée en vingt-trois triages. Le sol sur lequel elle s'élève est sec et presque entièrement sablonneux; il est d'autant plus propre à la chasse qu'on n'y rencontre ni montagnes, ni vallées, ni marécages; il est couvert de chênes, d'ormes, et de châtaigniers; l'essence de tous ces arbres est reconnue la meilleure parmi les bois que le commerce amène à Paris, pour la consommation de la capitale. Les terres douces; légères, et quelquefois graveleuses : les sables blonds ou ardoisés qui composent le fond du terroir, sont aussi favorables à la croissance des arbres qu'aux défoncements, aux semis, et aux plantations; cependant, à l'exception de quelques futaies qui, placées à certaines expositions, sont arrivées heureusement à un âge avancé, les bois que produit le sol en général ne restent pas sains au-delà de soixante-et-dix à quatre-vingt-dix ans, et s'altèrent souvent avant d'être arrivés à cet âge.

Une quantité immense d'insectes de toutes les familles, une quantité aussi nombreuse de plantes de toutes les espèces, peuplent la forêt de Saint-Germain, et en font une des plus curieuses à visiter pour les naturalistes. Aussi, tous les ans, les professeurs du

Jardin du Roi viennent-ils, avec leurs élèves, y faire une promenade scientifique.

Pour servir de renseignements et de guides aux promeneurs, on a planté des poteaux portant des inscriptions, dans les places où aboutissent plusieurs routes; on a aussi élevé des croix, pour consacrer la mémoire d'événements passés près du lieu qu'elles occupent, ou en l'honneur de quelques personnages en place. Telles étaient la *croix Pucelle*, placée sur le terrain où une jeune fille fut tuée, en 1423, par un être barbare qui lui avait ravi l'honneur; la *croix de Poissy*, érigée, en 1640, par les ordres de Louis XIII; la *croix de Montchevreuil*, monument de reconnaissance des habitants de ce bourg, à la mémoire du capitaine de ce nom, qui avait rendu praticable la route de Poissy à Saint-Germain; celle de *Berry*, élevée par la famille d'un particulier qui avait été assassiné en cet endroit, en 1540. Le duc de *Saint-Simon* fit placer, en 1635, sur la route de Conflans, une croix qui portait son nom. Le maréchal de *Noailles* fit construire, en 1751, sur la même route, un pavillon, pour servir de rendez-vous de chasse; au-devant fut placée une colonne cannelée, surmontée d'une croix qui prit son nom. Nous citerons encore la *croix Dauphine*, posée en 1540, lorsque Henri II n'était encore que dauphin; celle du *Maine*, qui fut érigée, en 1709, par ordre de Louis XIV, en l'honneur de Louis Auguste de Bourbon, prince légitimé duc du Maine.

On voyait sur un chêne coupé, dans la route de Maisons, la *croix de Beaumont*; elle fut ainsi appelée, parce que M. de Beaumont, capitaine des chasses et maître particulier de la forêt, fut assassiné là par deux hommes de qualité, avec qui il avait eu quelque démêlé : ses meurtriers prirent la fuite, et passèrent en Angleterre, où ils finirent leurs jours. Néanmoins leur procès fut fait, et ils furent condamnés à être roués vifs. On devait prendre une somme sur leurs biens pour construire une chapelle au lieu où le crime avait été commis; mais comme ils ne possédaient aucun patrimoine en France, cette partie de l'arrêt ne put être exécutée.

Ces monuments furent en partie détruits de 1794 à 1796. L'obélisque de Noailles fut pourtant respecté, la croix seule qui le surmontait disparut. Il avait été proposé, pour la fête civique du 10 août 1793, de le transporter sur le parterre, mais cette proposition n'eut pas de suite.

Différents carrefours portent des noms auxquels une tradition fort incertaine rattache des souvenirs. Le *Pas-du-Roi* doit, dit-on, ce nom à une chute que François 1er fit en cet endroit. Le *Repos du Tonnelier*, situé à l'intersection du chemin d'Achères à la Muette, et de celui de Saint-Germain à Conflans, est appelé ainsi, à ce que l'on croit, parce que le sommelier du château de la Muette se tenait à ce carrefour les jours de chasse, pour donner à rafraîchir aux gens du roi. La tradition ne nous apprend rien sur l'emplacement dit des *Six Chiens*; nous prenons sur nous de supposer que c'était un relais où on tenait six chiens accouplés.

Outre ces cantons et leurs dénominations, on rencontrait, dans plusieurs carrefours, des chênes distingués par de petites figures de saints, dont ils empruntaient le nom. Tels étaient le chêne de *Sainte-Barbe*, près de la Muette; celui de *Saint-Joseph*, sur le chemin d'Achères; le chêne de *Sainte-Anne*, sur la route des Loges à Poissy; le chêne de *Sainte-Geneviève*, sur l'avenue des Loges; celui de *Saint-Fiacre*, sur le chemin de Conflans;

celui de *la Vierge*, autrefois sur le vieux chemin du Monastère à Saint-Germain, et plus tard sur la nouvelle route.

Après avoir franchi la grille qui s'ouvre sur l'octogone, et avant de nous enfoncer sous les ombrages de la forêt, nous pouvons faire une halte chez le garde-portier, qui tient une espèce de guinguette et qui nous offrira du vin, des œufs frais, du laitage, etc. Après une collation champêtre, nous suivrons le chemin le plus à droite, et nous passerons bientôt vis-à-vis du *Château du Val*, dont il convient de dire quelque chose.

Le château du Val, devenu la propriété du maréchal de Beauveau, et appartenant aujourd'hui à madame la princesse de Poix, qui l'habite pendant l'été, ne fut, dans le principe, qu'un pavillon couvert en tuiles qui servait, avec quelques dépendances, de rendez-vous de chasse. Henri IV, pour en démasquer la vue et y pratiquer une vaste avenue, fit abattre une belle futaie qui l'environnait. Louis XIV le fit reconstruire sur un nouveau plan; aujourd'hui il est couvert en plomb et en ardoises. La pièce principale est un fort beau salon entre la cour et le jardin, et séparant deux petits appartements composés de plusieurs pièces de plain-pied. L'extérieur est décoré de bustes en marbre blanc, placés de distance en distance sur des consoles sculptées avec goût.

Une cour principale, fermée d'une grille en fer, fait face au château; une autre cour communique aux offices et au logement du concierge. Les jardins, autrefois d'une médiocre étendue, ont été très agrandis à gauche sur la forêt, où ils sont bordés d'un fossé. Ils sont plantés partie en parc, terrasses, et parterres, partie en vergers.

Louis XV eut un moment l'intention de donner le Val pour habitation à la marquise de Pompadour; il ordonna des réparations, mais il changea d'avis, et le Val, conservé pour sa première destination, resta ainsi jusqu'en 1761, que le même prince le donna pour habitation au comte de la Marck.

Voici, sur le Val, une anecdote rapportée par Chamfort, et citée par l'auteur de l'*Histoire de la Ville et du Château de Saint-Germain-en-Laye* (1). Elle vient trop à propos pour que nous nous refusions le plaisir de la raconter à notre compagnon de voyage.

« Madame Du Barry étant à Vin-
« cennes, eut la curiosité de voir le
« Val, maison de M. de Beauveau.
« Elle fit demander à celui-ci, si cela
« ne déplairait pas à madame de Beau-
« veau. Madame de Beauveau crut
« plaisant de s'y trouver et d'en faire

(1) Page 404.

« les honneurs. On y parla de ce qui
« s'était passé sous Louis XV. Ma-
« dame Du-Barry se plaignit de dif-
« férentes choses qui semblaient faire
« voir qu'on haïssait sa personne.
« Point du tout, dit madame de Beau-
« veau, nous n'en voulions qu'à votre
« place. Après cet aveu naïf, on
« demanda à madame Du Barry si
« Louis XV ne disait pas beaucoup
« de mal d'elle (madame de Beau-
« veau) et de madame de Grammont.
« Oh! beaucoup. — Eh bien! quel
« mal de moi, par exemple? — De
« vous, madame? Que vous étiez hau-
« taine, intrigante; que vous meniez
« votre mari par le nez... M. de Beau-
« veau était présent; on se hâta de
« changer de conversation. »

Laissant à droite le château du Val, à gauche la large avenue et la place où la danse réunissait autrefois une brillante société, nous continuerons le chemin que nous avons déjà suivi, qui oblique un peu vers la droite et aboutit à l'étoile de la *Porte-Verte*, abandonnée aussi des danseurs : huit routes partent de ce point dans toutes les directions. Celle que nous avons en face est nommée de la Marck, et se dirige vers l'étoile du *Grand-Veneur*, une des plus belles de la forêt; la première vers la gauche est la route de la *Porte-Verte*, conduisant du parc du Val aux Loges; la seconde traverse l'étoile où nous sommes, elle aboutit à gauche sur la grande avenue de Saint-Germain aux Loges, et à droite à l'étoile du *Buisson Richard*, dont elle porte le nom; la dernière de ce côté, traverse la place du Val que nous avons déjà entrevue, et conduit à Saint-Germain dans une direction à peu près parallèle à la Terrasse. A droite est la route qui passe au pavillon de la Muette, que nous visiterons dans le cours de notre promenade; cette route se prolonge au-delà jusque sur le bord de la Seine, vis-à-vis des îles de Garennes; c'est la plus droite et la plus longue de la forêt.

Près de là, vers la gauche, à cent pas de l'*Étoile des Mares*, sur une route cavalière, est arrivé, le 7 juin 1812, l'événement tragique suivant.

Deux jeunes gens de sexe différent, élevés ensemble dès leur plus tendre enfance, qui avaient conçu l'un pour l'autre la passion la plus vive et demandé en vain à leurs parents de les unir, forment le projet de se détruire. Ils se rendent dans le lieu que nous venons de désigner, armés de pistolets, et s'ajustent en même temps, à un signal convenu. La jeune fille tombe percée d'une balle et baignée dans son sang; mais l'arme qu'elle tenait a trompé l'attente de son amant, qui lui survit. Éperdu, il appelle la mort, qui semble vouloir l'épargner, et la trouve enfin en se pendant avec un fichu de soie qui couvrait le sein de celle qu'il adorait. Ces deux victimes d'un amour funeste furent déposées à côté l'une de l'autre; leur lit nuptial fut un tombeau.

En quittant l'étoile de la *Porte-Verte*, nous suivrons à droite la route du *Buisson Richard* jusqu'à l'étoile du même nom, pour aller à celle des *Veaux;* à gauche est la route de Bourbon; nous laisserons encore à gauche celle qui conduit vers l'étoile du *Chéne du Corbeau*, et celle des *Ventes de Châtillon*, pour suivre la longue avenue d'Artois, étroite et bien couverte, qui passe près du carrefour du Mesnil; à l'est, est le village de Mesnil-le-Roi, qui n'a de remarquable qu'un petit château, accompagné d'un parc qui longe la forêt; plus loin, et du même côté, nous trouvons la porte de Maisons.

Nous traverserons la nouvelle grande route de Paris à Poissy par Maisons, celles de *Monsieur*, de *Dulude*, et du clocher de Sartrouville, et nous déboucherons par l'emplacement circulaire qui termine au nord-ouest le parc de Maisons, dont nous découvrons une grande partie, ainsi que le château, qui est à l'extrémité d'une belle avenue plantée de grands arbres.

Arrêtons-nous un instant, et examinons les bâtiments et le parc qui se présentent à nos yeux; nous n'aurons point perdu notre temps, car ce que nous verrons excite depuis long-temps l'admiration des voyageurs.

Le château de *Maisons*, seule chose digne de remarque dans le village dont il porte le nom, fut bâti pour Réné de Longueil par François Mansard. On prétend que Réné de Longueil se procura d'une manière aussi heureuse qu'imprévue les fonds nécessaires à la construction de ce bâtiment magnifique. On dit qu'ayant donné l'ordre de démolir son hôtel, qui était rue des Prouvaires, à Paris, les ouvriers, en faisant des fouilles, trouvèrent dans un ancien caveau quarante mille pièces d'or frappées au coin de Charles IX, et que ce fut à l'aide de cette bonne fortune que fut bâti le château de Maisons. L'anecdote peut être vraie, mais il est bien permis de la révoquer en doute, quand on sait que Réné de Longueil était surintendant des finances.

En novembre 1658, la terre et le château de Maisons furent érigés en marquisat. Le 10 avril 1671, le jour du décès de Philippe, duc d'Anjou, le roi et toute la cour vinrent habiter le château. Louis XV eut, le 6 mai 1747, envie de l'acheter pour madame de Pompadour, mais il changea d'avis.

Il passa au marquis de Soyecourt et au président Des Maisons. Voltaire, qui y fut souvent reçu, s'y plaisait beaucoup : c'est là qu'il devait un jour lire pour la première fois sa tragédie de *Marianne*, quand il fut tout-à-coup frappé par la fièvre et par la manifestation de la petite vérole. Un mois se passa sans qu'il lui fût possible de revenir à Paris, et l'instant de son départ fut celui d'un grave accident : le feu éclata dans la chambre qu'il venait de quitter, et embrasa en grande partie une des ailes du château.

Devenu, en 1778, la propriété du comte d'Artois, il fut, à la révolution, vendu comme bien national, et appartint plus tard au duc de Montebello; il fut ensuite acquis par M. J. Lafitte, propriétaire actuel.

Placé dans la position la plus avantageuse, à peu de distance de la Seine, il offre, dans sa décoration extérieure, des preuves du goût et du talent de Mansard. Voltaire semble avoir décrit cette superbe habitation dans ces vers :

> Simple en était la noble architecture,
> Chaque ornement à sa place arrêté

Y semblait mis par la nécessité.
L'art s'y cachait sous l'air de la nature ;
L'œil satisfait embrassait sa structure,
Jamais surpris, et toujours enchanté.

Le bâtiment des écuries, situé dans l'avant-cour sur le parc, est d'une construction élégante, et l'orangerie, d'une architecture gracieuse.

Un petit pont en fer très élégant est jeté sur le fossé en face du château.

Le parc est d'une vaste étendue : de superbes avenues le divisent. Il est entouré en partie par la forêt de Saint-Germain.

Deux moulins, bâtis sur un bras de la Seine, dépendent de cette propriété. Auprès on a établi, en 1822, une machine à vapeur, de la force de douze chevaux, pour fournir de l'eau dans le château, qui était alimenté avant par une pompe, construite en 1681 par Morelan, anglais habile en hydraulique.

A gauche de la place circulaire

sur laquelle nous nous trouvons, nous laisserons la *route des Pavillons*, pour prendre celle de *l'Épine*, que nous suivrons d'abord jusqu'à l'*Étoile de Tessé*, à l'autre angle du parc de Maisons, et qui traverse ensuite l'étoile de *Brionne*. Nous prendrons à droite la route du *Bout du Monde*, qui conduit à l'étoile de *la Chapelle*; et de là, par une petite route un peu à gauche, nous gagnerons *Fromainville*, dont nous pourrons visiter la chapelle. Nous reviendrons à l'étoile de *Brionne*, pour continuer la route de l'*Épine* jusqu'à l'étoile de *Vaucelles*, et passer sur les restes des ouvrages du *Fort Saint-Sébastien*.

Ce fort, élevé seulement en terre pour l'éducation du grand dauphin, décrivait un demi-cercle dont la rive gauche de la Seine forme le diamètre. Depuis long-temps abandonné, les fossés se sont remplis, les bastions se sont écroulés, le terrain a été nivelé en partie, et est en culture le long de la rivière.

De l'étoile de *Vaucelles* nous nous dirigerons par la route du même nom, sur celle du *Bastion*, et nous suivrons jusqu'à la rencontre de la route *Neuve*. Tournant à gauche, celle-ci nous conduira d'abord à l'étoile des *Satyres*; puis, après avoir traversé presque perpendiculairement les routes de *Brionne*, d'*Ayen*, et celle de *Monclarre*, qui conduit à droite au beau carrefour de l'étoile du *Roi*, et après avoir coupé la route *Corra*, et d'autres moins remarquables, nous arriverons au *Château de la Muette*.

Ce château fut bâti en 1515 par les ordres de François Ier. Ce n'était pas, comme l'ont avancé la plupart des historiens, un petit pavillon carré sans dépendances; c'était, au contraire, un bâtiment assez considérable entouré de fossés, élevé de plusieurs étages, flanqué de tourelles, et surmonté d'une terrasse sur laquelle était un jeu de paume couvert. Les appartements suffisaient pour loger toute la suite du roi. Sur le devant existait une grande cour où était un puits. En 1530, le roi y fit construire une chapelle.

A gauche étaient les écuries et remises. Le chenil et les équipages de chasse étaient fort éloignés, ils occupaient un bâtiment près le buisson Richard, entre le village de Carrières et celui du Mesnil.

Ce fut à la Muette que François Ier éprouva, le 15 mars 1547, les premières atteintes de la maladie dont il mourut à Rambouillet le 30 du même mois.

Jusqu'au règne de Louis XIII, ce château ne fut point réparé; il tombait tellement de vétusté, que quelques officiers des chasses qui l'habitaient furent forcés de l'abandonner. Le roi le fit réparer en partie, ainsi que la chapelle, qui fut bénite de nouveau, en 1630, par l'official du prieuré de Saint-Germain.

Cette maison de plaisance s'écroulait lorsque Louis XIV voulant, en 1665, agrandir de ce côté le petit parc, ordonna de l'abattre, d'après les conseils du duc Dulude, et ceux de M. de la Rose, maître particulier des eaux et forêts. La menuiserie, la serrurerie, et les décors de la chapelle, furent donnés aux religieux des Loges pour réparer leur monastère. On employa plus tard les autres matériaux aux murs de clôture de la forêt.

Louis XV fit bâtir, sur une partie de son emplacement, le pavillon que nous voyons aujourd'hui, et Louis XVI le fit achever et surmonter d'un belvéder. Cette maison, qui sert de rendez-vous de chasse, ne présente rien de remarquable. A côté sont des écuries et un logement pour un garde à cheval.

En quittant la Muette, nous suivrons la belle avenue plantée de deux contre-allées, qui se dirige au sud et en ligne droite sur la ville de Saint-Germain, et traverse la forêt dans toute sa longueur. Nous nous arrêterons à l'étoile du *Chêne capitaine*, et nous prendrons à droite la route du même nom, jusqu'à la *Croix Dauphine*; là nous tournerons vers la gauche, et nous nous trouverons près du clos de *Vignolles*, où est la *Faisanderie*.

Henri II, pour accroître d'autant la forêt de Saint-Germain, acheta par échange le village de *Vignolles*, qui se trouvait situé au milieu; il fit abattre les maisons, défricher et planter une partie du territoire qui en dépendait. On a réservé un vaste emplacement clos de murs et semé de sarrasin, où on élevait des faisans, sous le règne du roi chasseur.

A l'ouest de la faisanderie est le prolongement de la route de *Garennes*, que nous suivrons jusqu'à l'étoile des

Palis-Ferrand; en obliquant un peu sur la gauche, nous arriverons bientôt au carrefour *Dauphin.*

A droite, route du *Grand Cormier,* à gauche, route de *Monsieur,* nous continuerons dans la même direction jusqu'à la *Croix de Noailles,* étoile qui reçoit sept avenues et est traversée par la nouvelle route de Maisons à Poissy. Auprès passe celle de Pontoise, sur laquelle est la *Croix Saint-Simon,* le *Repos du Tonnelier,* et la *Croix du Maine.*

A peu de distance vers la droite, sur le vieux chemin de Poissy, est le *Pas du Roi.* De l'étoile de *Noailles* nous nous dirigerons vers le sud-ouest, par la route de *Saint-Joseph.* Cette route s'élève sur un plateau sablonneux, sur lequel est tracée la belle étoile du *Grand-Veneur.* Si notre compagnon est amateur d'entomologie, il pourra recueillir dans ce canton de belles Cicendèles (*Cicendela campestris, Ci-*

cendela hybrida), qu'on y voit en grand nombre quand l'air est sec et chaud. Ces insectes, remarquables parmi les plus beaux des environs de Paris, sont très difficiles à saisir, à cause de leur vol incertain et de leurs repos multipliés.

En quittant l'étoile du *Grand-Veneur*, nous continuerons de suivre la route de *Saint-Joseph* jusqu'à l'étoile du même nom, qui est en bas du coteau que nous venons de franchir; appuyant ensuite sur la gauche, nous longerons les murs de l'ancien couvent des *Loges*, et nous nous trouverons bientôt sur la place vis-à-vis de l'entrée principale de ce bâtiment.

On peut regarder comme à peu près certain, d'après quelques auteurs, que les premiers rois de la troisième race avaient un rendez-vous de chasse dans le canton de la forêt de Saint-Germain appelé les Loges; et on peut présumer que son nom lui vient des loges établies là pour renfermer les chiens et les oiseaux. D'autres écrivains pensent que ce nom dérive plutôt de quelques cabanes, *logiæ*, où se retiraient ceux qui travaillaient dans la forêt pour y faire les coupes de bois, ou y tracer des routes.

Quoi qu'il en soit de ces deux opinions, une chose dont on ne peut pas douter, c'est qu'il existait dans un temps fort reculé, dans le canton dit des Loges, une maison royale où se réunissaient les équipages quand il y avait chasse dans la forêt; différents actes émanés de nos rois la désignent par ces mots: *Domus nostra de Logiis*. Des débris assez considérables, de belles caves bien voûtées, trouvés dans le dix-septième siècle, prouvent incontestablement l'existence de bâtiments importants anciennement construits. De plus, dans le voisinage de la maison des Loges, il existait une chapelle dédiée à Saint-Fiacre, désignée dans un registre de la chambre des comptes, par ces expressions : *Capellania beati Fiacrii, in domo nostra de Logiis.*

Par quel monarque la maison royale des Loges a-t-elle été construite? c'est ce qu'on ignore. On soupçonne que le roi Robert, naturellement poussé par sa mélancolie dévote, a pu en ordonner la construction vers 1021, tant pour la destination que nous avons indiquée, que pour lui servir de retraite contre les tracasseries journalières que lui suscitait la reine Constance son épouse.

Le château des Loges ne fut pas épargné par les Anglais, lorsqu'en 1346 ils incendièrent les environs de Paris. Après la retraite d'Edouard III, des monceaux de ruines subsistèrent long-temps pour apprendre aux siècles suivants combien avait été considérable la maison royale que les torches ennemies avaient réduite en cendres.

Sur une partie de l'emplacement de l'ancien château on éleva une maison plus modeste, plus appropriée à sa destination, et qui ne fut réellement qu'un simple rendez-vous de chasse. Un vieux serviteur de Henri IV, nommé Réné Puissant, désirant finir ses jours dans une dévote obscurité, sollicita et obtint du roi la permission de se loger comme il pourrait dans la portion des débris du vieux château qui subsistait encore, et cette permission lui fut confirmée par un brevet du roi Louis XIII, en date du 12 juillet 1615. La petite chapelle de Saint-Fiacre, autrefois en vénération, et qui paraît avoir survécu à l'incendie du château, fut remise en crédit par la vie simple et religieuse du pénitent qui en était voisin. On y accourait en foule, et les aumônes y abondaient. Louis XIII se plaisait lui-même à visiter le bon ermite, et à lui laisser d'amples preuves de sa charité.

Une affluence de pèlerins riches et généreux était bien faite pour allécher des hommes qui avaient fait vœu de pauvreté. Les Augustins déchaussés, les premiers et les mieux avisés, pensèrent qu'ils pourraient profiter du grand âge de Réné Puissant pour le décider à leur céder son ermitage. Ils lui en firent la proposition, et par suite d'un traité avec le vieillard, ils s'établirent dans les décombres qu'il leur abandonna. Ce que les Augustins avaient prévu ne manqua pas d'arriver. Malgré l'obscurité dans laquelle ils faisaient profession de vivre, ils trouvèrent bien moyen de se faire connaître de la cour. Il fut de bon ton à Saint-Germain de visiter les Augustins des Loges, et de leur laisser des preuves de munificence. Louis XIII leur accorda de grands terrains; et bientôt vint aux religieux l'idée d'abandonner deux maisons en bois qu'ils avaient fait construire en 1636 et qu'ils habitaient, pour bâtir un couvent et une église dignes de la fortune que leur avaient faite les libéralités de la famille royale et des courtisans.

Anne d'Autriche ayant eu connaissance de leur dessein, voulut être la fondatrice de leur maison, en reconnaissance de ce que Dieu avait exaucé ses vœux en lui donnant un fils, et aussi pour remercier le Ciel de la victoire de Rocroi et de la prise de Thionville. En conséquence, elle ordonna au duc de Saint-Simon de poser en son nom la première pierre de l'église. Cette cérémonie eut lieu le 6 juillet 1644. On posa pour première pierre, un marbre noir chargé d'une inscription latine qui disait que le bâtiment avait été fondé par la piété religieuse d'Anne d'Autriche; dessous furent placées quatre médailles représentant des sujets allégoriques, et présageant au jeune roi les grandes destinées qui l'attendaient. La reine-mère joignit au bienfait qu'elle accordait aux Augustins en se déclarant fondatrice de leur maison, le don de plusieurs revenus à prendre, les uns sur les coupes annuelles de la forêt de Saint-Germain, les autres sur le produit de quelques domaines publics. En 1660, elle fit bâtir au bout de leur potager un petit pavillon qui fut occupé en 1670 par Talon, secrétaire du cabinet, et après lui par le duc de La Rochefoucault, auteur du livre des *Maximes*, qui y venait faire tous les ans une retraite pendant la semaine sainte.

Le couvent des Loges continua d'être en faveur, tant que la cour résida à Saint-Germain et même quand elle l'eut quitté. Souvent Anne et Marie Thérèse d'Autriche y vinrent assister aux offices. Ces princesses travaillèrent elles-mêmes à plusieurs ornements d'autel, et firent présent à la maison de l'argenterie qui servait à la pompe des cérémonies. Le roi Jacques II et la reine son épouse se plaisaient à fréquenter cette solitude religieuse, et à répandre leurs bienfaits sur les moines qui l'habitaient.

Depuis sa fondation jusqu'en 1670, la maison des Loges fut gouvernée comme hospice par des supérieurs qui restaient deux ans en exercice et pouvaient être réélus; mais, en l'année que nous venons de fixer, elle fut, par le chapitre provincial, érigée en prieuré, et mise sous l'administration d'un prieur qui ne restait également que deux ans en fonctions.

Dès l'an 1786 on avait établi dans le monastère une manufacture de velours et d'étoffes de soie, et il paraît que les religieux, pour échapper à l'ennui de la vie claustrale et augmenter leurs revenus, ne se firent point scrupule de travailler de leurs mains à la fabrication de ces objets de luxe. La philosophie envahissait les couvents, et on commençait à comprendre qu'une vie contemplative et inutile n'est pas celle qui plaît le plus au Dieu qui a dit à l'homme : « Tu mangeras ton pain à la sueur de ton front. » L'exemple des Augustins des Loges se serait propagé, et des millions de bras paralysés par une religieuse oisiveté allaient se consacrer peut-être au travail et à l'industrie, lorsque la révolution vint disperser les moines et fermer leur fabrique.

Le monastère des Loges vit mourir un homme à qui ses folies valurent une espèce de célébrité. Après avoir dépensé, en cérémonies religieuses et en ornements d'église, la plus grande partie de l'immense fortune que lui avait laissée son père, le marquis de Brunoy fut mis en interdit, enfermé dans le prieuré d'Hennemont, puis amené au couvent des Loges, où il tomba en langueur, et mourut de chagrin en se voyant privé de la satisfaction de se livrer à sa pieuse manie. On a fait un volume de toutes les extravagances qui ont passé par la tête de cet homme singulier, et on enrichirait cent familles de l'argent qu'elles lui ont coûté. Un de ses petits arrière-cousins, à qui il n'avait jamais offert un écu, étant mort de misère et de faim dans un grenier, il lui fit faire un service funèbre d'un luxe et d'une magnificence extraordinaires; il en fut lui-même l'ordonnateur suprême et le directeur général. Il alla plusieurs fois importuner le célèbre Lavoisier pour obtenir de lui le moyen de faire *pisser noir* les chevaux qui devaient conduire le héros de la fête à son dernier asile. C'était pousser aussi loin qu'elle pouvait aller, la sévérité du costume.

Après la retraite des religieux, il fut établi en 1794 une poudrière dans une partie des bâtiments des Loges, et deux ans après, ce qui restait des constructions et des terrains fut vendu. La poudrière ayant été supprimée, l'emplacement qu'elle occupait fut réuni à ce qui avait été antérieurement aliéné, et le propriétaire du tout y fonda un pensionnnat. En 1811, le gouvernement racheta tout ce qui avait autrefois formé l'ancien établissement des Loges, et le transforma en maison d'éducation pour les orphelines de la Légion-d'Honneur.

Cette maison fut placée sous la surveillance de l'administration de la Légion-d'Honneur, et fut desservie par une nouvelle congrégation de religieuses, connue sous le nom de *Congrégation de la mère de Dieu*. Le 19 juillet 1814 elle fut supprimée, puis le 27 septembre de la même année, rétablie sur les mêmes bases, et pour la même destination, sous le titre de *Succursale de la maison de Saint-Denis*, et rendue aux dames qui en avaient eu jusque-là la direction.

Le chancelier de la Légion-d'Honneur est à la tête de l'administration de la maison; le gouvernement intérieur en est confié aux religieuses, qui doivent lui rendre compte de l'état journalier des affaires. La première de ces dames a le titre de *générale;* la seconde, celui de *supérieure;* une *assistante* a pour fonction de les suppléer. Une *économe* est chargée des dépenses. Les autres dames, au nombre de cinquante, donnent, chacune dans ses attributions, leurs soins aux jeunes élèves : elles sont assistées par vingt sœurs converses qui font le service. Trois ecclésiastiques nommés par le grand-aumônier et revêtus de l'institution canonique par l'évêque diocésain, sont chargés du spirituel. Le nombre des élèves est fixé à deux cent vingt. On les reçoit depuis l'âge de sept ans jusqu'à celui de douze; on les instruit sur la grammaire, l'écriture, l'arithmétique, la géographie, l'histoire sainte, l'histoire ancienne et l'histoire moderne; la musique, le dessin, et les langues étrangères, sont à la charge des familles; le maître de danse est rétribué par la grande chancellerie. On enseigne en outre tous les ouvrages de broderie et d'aiguille qu'il convient aux femmes de connaître. A dix-huit ans accomplis, les élèves sortent de la maison.

Cette institution est parfaitement tenue, et ne laisse rien à désirer sous le rapport de la religion, des mœurs, de l'instruction, et des soins physiques. La superficie du terrain qu'elle occupe est de vingt-deux arpents, dont seize en bois, quatre en jardins, et deux occupés par les bâtiments et les cours.

Nous ne quitterons pas les Loges sans parler à notre voyageur de la belle et nombreuse assemblée qui se tient, tous les ans, sur la pelouse qui fait face à l'ancien couvent.

Cette fête, qui commence le dimanche après la Saint-Fiacre et dure trois jours, est, après celle de Saint-Cloud, la plus célèbre des environs de Paris. On y accourt de tous les villages environnants et on y vient même de la capitale, avec l'empressement que donne l'espoir du plaisir. Deux cents à deux cent cinquante fiacres, cabriolets de place, voitures, et charrettes, conduisent la petite propriété au lieu du rassemblement, pendant que plus de trois cents voitures de maître, attelées de fringants coursiers, y portent avec rapidité l'aristocratie financière.

Sur des tapis de mousse et de gazon, et sous des ormes et des chênes antiques, s'élèvent une multitude de tentes qui donnent à la fête l'aspect d'un campement militaire. Devant des feux allumés sur la terre, tournent le gigot, la pièce de bœuf ou de veau, que fera bientôt disparaître l'appétit des amateurs. De tous les côtés, des tables dressées en plein vent appellent les buveurs; ils s'y placent en riant, et

La cruche au large ventre est vide en un instant.

Leurs saillies, leurs prétendus bons mots, l'air d'hilarité répandu sur leur figure, et leur pose grotesque, amusent l'observateur qui vient tourner autour de leurs groupes, et qui y trouve mille sujets de tableaux pour le pinceau d'un nouveau Téniers. D'un autre côté, tous les saltimbanques et les *farceurs* des places de Paris s'y trouvent réunis pour lever un impôt sur la curiosité publique et la badauderie. Ils offrent à l'admiration des *amateurs* et des *connaisseurs*, des *choses rares, curieuses, surprenantes*, et par des paroles bouffonnes et des annonces burlesques, cherchent à donner à leur auditoire un avant-goût des plaisirs qui l'attendent, et qu'il peut se procurer dans l'intérieur pour la *modeste somme de dix centimes.*

D'autres amusements appellent la jeunesse : le violon a donné le signal de la danse. Ici les différentes classes de la société se séparent ; chacun prend son rang, et cherche, au milieu de ses égaux, la liberté qu'il ne trouverait point ailleurs, et sans laquelle il n'est point de plaisir. Sous une tente richement ornée, l'élégante cherche à répéter sur la pelouse les pas brillants qui la firent admirer l'hiver précédent dans les salons somptueux du quartier d'Antin ; à côté d'elle, les filles d'un honnête marchand dansent avec réserve et modestie, sous les yeux de leur famille, et viennent, lorsque le *chassé-huit* a donné le signal de la retraite, prendre, à côté de leur mère, la place que celle-ci leur réserve. Plus loin, la joyeuse grisette, riche de sa fraîcheur, de son insouciance, et de ses dix-huit ans, se livre tout entière aux plaisirs du jour, sans se souvenir des peines de la veille ni prévoir celles du lendemain; tandis qu'en plein-air et au bruit du tambourin, la jeune villageoise, rouge et joufflue, saute lourdement hors de cadence, s'essouffle, rit, et ne s'en amuse que mieux.

Pendant les trois jours que dure l'assemblée, on se livre aux mêmes divertissements. On élève à quinze mille le nombre des personnes qui se réunissent aux Loges, le premier jour seulement. Tant que la fête a lieu, ces groupes de mangeurs, ces cantiniers haletants empressés de répondre à vingt demandeurs à la fois, ces bouteilles, ces verres, épars à côté des buveurs, forment le spectacle le plus pittoresque et le plus curieux.

On compte ordinairement aux Loges, le jour de la fête principale :

    10 bals à grand orchestre,
    12 spectacles et autres curiosités,
    10 jeux de bague,
    50 restaurateurs, et marchands de vin,
    180 marchands de jouets d'enfant, de pain d'épice, de menue mercerie, etc.

Les boissons qui se consomment sur place s'élèvent à environ :

18,200 bouteilles de vin,
1,800 bouteilles de bière,
130 bouteilles d'eau-de-vie ;

sans compter environ douze cents bouteilles de vin, eau-de-vie et liqueurs, apportées par les différentes sociétés qui viennent dîner dans la forêt.

Du point où nous sommes, nous avons divers chemins pour rentrer en ville; nous pourrions, en tournant le dos à la maison des Loges, prendre la route à droite, qui nous conduirait à l'étoile de *Richelieu*. En tournant à gauche, nous irions rejoindre la route de *Saint-Joseph* à l'étoile *Sainte-Anne*, et en suivant encore à gauche, nous passerions près de la *Croix-Pucelle*, monument de pudeur et de vertu, si l'anecdote qui lui a donné le nom qu'elle porte est vraie; à quelques pas plus loin, nous nous trouverions sur la grande route de Poissy à Saint-Germain, et prenant vers le sud-est, nous arriverions sur l'emplacement de la *Croix de Mont-Chevreuil*. Parvenus à ce point, nous traverserions la route de l'étoile des *Loges*, et le carrefour de l'*Abbaye*, laissant à gauche la mare de Poissy, et longeant les murs du parc de Noailles, nous rentrerions par la grille de Poissy.

Cette promenade serait agréable, mais nous ne la ferons pas cependant, parce que nous manquerions l'occasion de visiter plusieurs lieux dignes de remarque, et près desquels une autre route nous conduira. Nous prendrons donc la belle avenue qui se présente devant nous, et qui aboutit directement au château en traversant le parterre; nous la suivrons jusqu'à la rue de Pontoise, que nous rencontrerons à droite, et nous entrerons dans cette rue pour voir un quartier neuf, que l'on élève sur le terrain de l'hôtel et du parc de Noailles, ce qui nous fournira l'occasion de mettre le voyageur avec lequel nous faisons notre promenade, au courant de ce que c'était que le lieu que nous visitons.

Les bâtiments de l'hôtel de Noailles ont été élevés sur les dessins de J. N. Mansard. La façade principale était d'une architecture simple, mais élégante ; des colonnes doriques décoraient le vestibule. Au temps où cette habitation était dans toute sa splendeur, on remarquait dans les pièces du rez-de-chaussée des peintures d'Hubert Robert, et une suite de quatorze tableaux de moyenne grandeur peints par Perrocel d'Avignon, et représentant l'histoire de Tobie. On a percé une rue au milieu de l'hôtel, de sorte qu'il ne reste plus que les deux ailes, dont on a fait deux maisons particulières.

Les jardins, dessinés dans le genre anglais, avaient été exécutés avec infiniment de goût, sans que l'art s'y fît apercevoir; des masses d'arbres étrangers récréaient la vue, et opposaient la nuance de leur verdure à celle des arbres indigènes; des collines, des grottes, des bosquets et des cascades, des ruisseaux limpides serpentant au milieu des prairies, avaient fait de ce domaine un lieu plein de délices. Au-delà des jardins s'étendait un parc touffu de la contenance de quatre-vingt-deux arpents.

Telle était autrefois, et telle n'est plus cette habitation. Vendue pendant la révolution, comme domaine national, elle fut achetée par un particulier qui la laissa tomber en dégradation; et, en 1815, les étrangers arrachèrent et brûlèrent les lambris et les parquets, et dévastèrent en partie les jardins et le parc.

Cet hôtel et ses dépendances ont été

vendus par lots; on y construit de tous côtés, de sorte que si la ville a perdu, par suite de cette division, une propriété qui en faisait un des plus beaux ornements, elle gagnera sans doute en population, ce qui sera une compensation avantageuse.

Continuons la rue de Pontoise, et un peu plus loin que celle des Bûcherons, que nous laissons à notre droite, nous rencontrons l'hôtel de la mairie. Cet hôtel, qui était autrefois celui de la chancellerie, est occupé en commun par l'administration municipale et les frères de la doctrine chrétienne, qui y tiennent leurs classes. Il n'a rien de remarquable que le mauvais état des bâtiments dont il se compose. Pierre Séguier, chancelier et garde-des-sceaux, y mourut en 1672.

Un peu plus loin à droite, à l'encoignure d'une petite rue, nous trouvons la salle de spectacle. Comme nous l'avons dit, le sieur Le Bailly, forcé en 1809 d'abandonner la salle du vieux château, fit construire celle-ci. L'entrée est décorée de deux colonnes supportant une plate-bande; le vestibule est petit et très incommode; les corridors sont étroits; le parterre et l'orchestre sont garnis de banquettes de bois; un rang de baignoires et deux rangs de loges règnent autour. Cette salle est beaucoup trop profonde, eu égard à sa largeur; la scène est assez vaste, mais tellement étroite qu'on ne peut y placer deux décors à la fois; les machines sont dans le plus mauvais état. Les loges des acteurs sont formées par de mauvaises cloisons en planches, et reçoivent, par la porte, un jour presque nul; un lustre très mesquin éclaire les spectateurs. Quant à la décoration intérieure, elle répond au mauvais goût qu'on remarque dans tout l'édifice.

Voilà à peu près tout ce que Saint-Germain nous offre de curieux à voir. Il ne nous reste plus qu'à suivre la rue au Pain, la plus commerçante de la ville, à tourner à gauche par celle de Paris, et à revenir, dans cette rue, à l'un des bureaux de voitures qui partent de demi-heure en demi-heure, et rentrer dans la capitale par la route que nous avons prise pour nous en éloigner ce matin.

Si, trop fatigué d'une promenade aussi longue, le voyageur préférait coucher à Saint-Germain, nous l'engagerions le lendemain à faire à pied, avec nous, une partie de la route de Saint-Germain à Paris, en passant par une autre route que celle que nous avons parcourue la veille.

Au lieu de descendre la grande côte nous suivrons celle du Pecq, qui prend aussi naissance à la place Royale; nous passerons à côté du manége couvert placé à notre gauche, et nous traverserons le P<small>ECQ</small>. Ce village, dont le nom était autrefois Aupec, en latin *Alpi-*

cum ou *Alpecum*, était déjà connu au milieu et même au commencement du septième siècle. L'auteur de la *Vie de saint Érembert*, évêque de Toulouse, décédé vers 670, dit que le lieu *Villioli Curtis* était voisin d'une terre fiscale nommée *Alpicum*, située sur la Seine, dans le Pincerais.

L'an 704, le roi Childebert III, la dixième année de son règne, donna à l'abbaye de Fontenelle, au diocèse de Rouen, autrement dite de saint Vandrille, la terre royale d'Aupec : *Villam quæ vocatur Alpicum, quæ sita est in pago Pinciacensi super alveum sequanam*, avec ses dépendances ou plutôt *adjacences, adjacentes*, ainsi que les appelle la chronique de l'abbaye de Saint-Vandrille, écrite vers l'an 1000.

Dès le temps de Louis-le-Débonnaire, la terre d'Aupec était couverte de vignes qui donnaient une récolte assez abondante. On lit dans un règlement fait par Anségise, abbé de Saint-

Vandrille, décédé en 833, que le domaine d'Aupec fournissait annuellement à son monastère trois cent cinquante muids de vin, *vinum de Alpiaco modios CCCL*. Les religieux de Saint-Vandrille furent attentifs à la conservation d'un bien aussi productif. Ils eurent soin de se faire confirmer, en 845, par Charles-le-Chauve, la donation que Childebert leur en avait faite. Plus de trois cents ans après, ils sollicitèrent de Louis-le-Jeune une nouvelle confirmation qui leur fut accordée, en 1177, par une charte datée de Compiègne, comprenant tous les biens de ce monastère, et désignant en particulier ceux qui étaient dans le diocèse de Paris : *In episcopatu Parisiensi Alpicum et ecclesiam cum totâ decimâ et visiniolum et Demonvalem, et dimidium viciniacas, ac decimam Villiolis Curtis et in Marolio census*, etc.

Vers la fin du onzième siècle, un

chevalier formidable nommé Ervaud ou Évrard, dont le château était sur le territoire de Marly, pensant qu'il boirait tout aussi bien et peut-être tout aussi vite que les moines de Saint-Vandrille, les trois cent cinquante muids de vin qu'ils retiraient du domaine d'Aupec, résolut de s'approprier le vignoble qui les produisait. Il débuta par s'emparer de tous les porcs que les frères avaient engraissés. Hurfrède et Vautier, religieux envoyés par l'abbé Gisbert ou Gubert, pour gouverner les biens que la maison avait à Aupec, se mirent en prières, et racontèrent à leur bienheureux protecteur le malheur qui leur arrivait, et celui plus grand encore dont ils étaient menacés. Saint Vandrille, qui ne voulait pas que ses serviteurs bussent du cidre comme des Bas-Normands, et qui tenait à ce qu'ils eussent quelques jambons à manger à Pâques, apparut à Ervaud et le malmena si fort, que ce chevalier félon s'empressa d'abandonner son entreprise, et indemnisa les moines de la valeur de ce qu'il avait enlevé.

Les guerres civiles et étrangères portèrent de grands préjudices au Pecq, comme à tous les environs de Paris. On pourrait presque croire qu'il disparut entièrement pendant une longue période, car il n'en est plus fait mention jusqu'au quatorzième siècle. En 1355, la paroisse de Saint-Germain s'étant agrandie aux dépens des Bernardins de Paris, qui possédaient des terrains sur la colline, ces religieux furent indemnisés par la cession qui leur fut faite de quelques portions du domaine d'Aupec, dont le surplus passa à des particuliers, sans doute après que des arrangements convenables eurent été pris avec l'abbaye de Fontenelle.

Ce morcellement du domaine d'Aupec, et le voisinage de la cour, qui faisait de longs et fréquents séjours à

Saint-Germain, repeuplèrent insensiblement le village, et déjà sous Henri IV il était assez important pour que ce fût une faveur pour lui d'obtenir de ne payer que mille livres d'impositions. Plus tard il s'étendit et gravit la côte.

Le Pecq est à l'ouest de Paris. Il s'étend, sur la descente assez raide de la côte de Saint-Germain, depuis les limites de cette ville jusqu'en bas, et ne forme presque qu'une seule rue. On y remarque quelques maisons de campagne agréablement situées. Son aspect est vers le levant, en face de la Seine. On y compte 1200 habitants. Il y existe des fabriques de blanc de céruse, de fécule de pomme de terre, et des tanneries.

Le pont de bois construit sur la Seine en 1665 et rétabli en 1775, a été emporté en partie par les glaces en 1829. Il a été réparé depuis pour servir provisoirement pendant la construction d'un pont neuf qu'on bâtit en face le rond-point du Vésinet; une route neuve moins rapide que celle qui existe aujourd'hui va être faite et passera à travers les anciens jardins du Château-Neuf, pour aboutir presque à la place royale à Saint-Germain.

L'église paroissiale, dédiée à saint Vandrille, est fort ancienne, et a été rebâtie plusieurs fois. Celle qui subsistait en 1720 était située un peu au-dessous du milieu de la côte. Comme elle tombait de vétusté en 1746, on prit le parti de l'abattre et de la reconstruire entièrement sur un autre emplacement plus élevé : quoiqu'il y ait une aile de chaque côté, on ne tourne pas derrière le sanctuaire. Le portail est simple, surmonté d'une tour et précédé d'une place. L'ancien clocher avait supporté deux cloches fondues en 1606 : en 1699 elles ont été refondues et nommées par le roi et la reine.

Une partie des vignes dont le territoire était couvert au neuvième siècle, a disparu par suite de défrichements et de la construction du palais de Henri IV; néanmoins il en reste encore beaucoup, mais le vin qu'elles produisent n'est pas de nature à donner à un nouveau chevalier Ervaud la tentation de les envahir.

Dans une propriété particulière, située entre les ruines du château neuf et la Seine, il existe des eaux thermales qui furent long-temps en réputation; mais, comme toutes celles des environs de Paris qui ont eu de la célébrité, elles sont totalement dans l'oubli.

Le 1er juillet, le corps du général Blucher, lassé d'échanger inutilement des coups de canon et de fusil contre les Français, protégés par les fortifications de Montmartre et de Saint-Chaumont, se replia sur le Pecq, y effectua le passage de la Seine, pour se déployer dans des plaines où le défaut de points de défense lui donnait l'espoir et les moyens de s'emparer bientôt de la capitale.

La défense de ce poste important était confié à la bravoure de vingt-cinq hommes. L'officier qui les commandait se trouvait à la mairie de Saint-Germain quand on eut avis de l'approche de l'ennemi. Le maire lui fit observer qu'il ne pourrait mettre obstacle au passage du pont avec le faible détachement qu'il avait sous ses ordres; qu'on était certain que quinze cents hommes étaient entrés à Montesson, d'où ils se dirigeaient sur le Pecq; il lui offrit enfin de sûrs moyens de retraite. Le commandant répondit qu'il savait combien ses efforts seraient impuissants; mais que son devoir lui ordonnait de défendre son poste, et qu'il y périrait l'épée à la main. Il descendit aussitôt se mettre à la tête de sa troupe; et après de vaillants efforts, il tomba mortellement blessé. Après avoir vu tuer leur officier et la plupart de leurs camarades, ce qui restait de ces vingt-cinq braves fit retraite par le Chemin-Neuf en combattant toujours.

Le Pecq, exposé pendant quatre jours au passage de l'armée prussienne, fut pillé à plusieurs reprises.

Après avoir traversé le Pecq et le pont nous arrivons à une grande place circulaire dite *Étoile Royale,* d'où partent plusieurs routes qui conduisent, les unes à Sartrouville et à Montesson, les autres à Croissy et à Chatou. Nous prenons cette dernière, qui se trouve en face du nouveau pont, et nous traversons le bois du Vésinet. Cette petite forêt, nommée autrefois *Échaufour,* est très ancienne, selon André Duchesne et quelques vieux historiens. On l'appelle aussi le *Bois de la Trahison,* parce que, disent des traditions plus que douteuses, ce fut sous son ombrage que fut méditée la trahison de Ganelan de Hauteville et de ses complices, contre Roland, neveu de Charlemagne, les douze pairs de France, les seigneurs de la maison des Ardennes, et que fut préparée la funeste journée de Roncevaux. On a montré long-temps une table de pierre sur laquelle on prétend que les conjurés signèrent leur pacte et prêtèrent leurs serments. Charlemagne, dit-on, fit mourir par le feu les coupables, au lieu même où ils avaient formé leur ligue criminelle.

Les mêmes traditions ajoutent qu'en mémoire et pour châtiment du crime, Dieu voulut qu'une branche d'arbre coupée d'un côté de la route de Paris et jetée dans l'eau y surnageât, et qu'une branche coupée de l'autre côté de la route, et pareillement jetée dans l'eau, coulât à fond comme une pierre. André Duchesne et d'autres auteurs racontent très sérieusement cette particularité, mais aucun d'eux ne dit s'il l'a vérifiée; elle en valait pourtant bien la peine.

Henri IV paraît être le premier de nos rois qui se soit occupé du bois du Vésinet, encore s'il y a donné quelque attention, c'est qu'il avait l'avantage de se trouver en face de Saint-Germain et sous les fenêtres du château neuf. Ce fut très probablement ce prince qui y fit ouvrir les principales routes, qui toutes aboutissent à une très belle place circulaire, au midi de la Seine.

Au décès de Henri IV, le bois du Vésinet ne contenait que deux cent quatre-vingt-quatre arpents et vingt-quatre perches. En 1612, les seigneurs de Chatou et de La Borde cédèrent à Louis XIII trois cent trente-cinq arpents quatre-vingt-douze perches de forêts attenantes. En 1634, le seigneur de Croissy fit pareillement cession de trois cent soixante-trois arpents quarante-trois perches. Louis XIV y réunit, pendant son séjour à Saint-Germain, différents cantons voisins; il acquit de l'importance et de l'étendue, et selon un arrêt du conseil d'état du 5 avril 1751, qui en ordonna la fixation, la délimitation, et le bornage, il fut reconnu de la contenance de douze cent quatre-vingt-quatorze arpents soixante-trois perches trois quarts. Il fut transformé en garenne, et entouré en partie de murs qui enfermèrent beaucoup de terrains vagues, généralement d'une médiocre valeur. Il y fut construit une faisanderie, et il devint un domaine.

C'est à tort que plusieurs ouvrages signalent la route du Vésinet comme dangereuse, et avancent que la malle-poste et des voitures particulières y ont été arrêtées : on ne peut de mémoire d'homme citer un seul fait de ce genre.

En quittant la forêt nous arrivons à Chatou. Nous trouvons à l'entrée, à droite, le bâtiment de l'ancienne *faisanderie*. Cette maison était, avant la révolution, un joli rendez-vous de chasse; les jardins étaient remarquables. Cette propriété a été vendue comme bien national.

Après avoir passé devant diverses habitations nous arrivons en face de l'église, monument du treizième siècle, et dont le clocher paraît être plus ancien. Ici la route tourne à gauche, et vient, à peu de distance, faire un nouveau coude à droite pour aller gagner le pont jeté sur la Seine. Avant de le traverser, disons quelques mots sur Chatou.

Quelques auteurs ont prétendu que cette commune était un ancien lieu nommé *Captunacum*, où nos rois avaient une résidence et un hôtel des monnaies; mais l'abbé Lebeuf trouve cette assertion fort douteuse. Dans les anciens titres, elle est désignée par les noms de *Chato*, *Catho*, *Chatoue*.

Que Chatou ait été ou non le siége d'une habitation royale, il n'en est pas moins d'une antiquité fort respectable. Les dictionnaires géographiques le qualifient de petite ville. En 1812, l'abbaye de Malenoue y possédait une seigneurie et une dîme. Cependant ce village, aujourd'hui fort joli, ne devait pas être considérable, car en 1470, on n'y comptait que trente habitants; en 1755, on évaluait le nombre de ses feux à cent cinquante-deux ou cent soixante, ce que le *Dictionnaire universel de la France* estime devoir fournir le nombre de six cents quatre-vingt-deux communiants. L'abbaye de Saint-Denis avait des biens à Chatou et y exerçait un droit de justice, qu'elle partageait avec l'abbaye de Malenoue et quelques seigneurs séculiers.

On remarque un château bâti à grands frais par Bertin, qui fut un des ministres du roi Louis XVI. Ce château, ainsi que tout ce qui en dépend, construit sur les dessins de Soufflot, est accompagné de vastes jardins, d'un parc décoré d'une magnifique terrasse que borde la rivière, de grottes, et d'une pièce d'eau. On rencontre, outre cela, dans ce village, plusieurs habitations agréables.

Pendant long-temps on y passa la Seine sur un bac dont le produit avait été, en 1560, donné par le roi aux religieuses de Malenoue. En 1650, M. Portail, premier président du parlement, et dame Rose son épouse, firent bâtir un pont en bois. En 1723, par un contrat dont des lettres du 14 avril 1726 nous apprennent l'enregistrement, ils cédèrent leur pont au roi, moyennant une rente noble et féodale de six mille cinq cents livres à prendre sur l'état des bois de la généralité de Rouen. Ce pont fut coupé en 1815 pour arrêter la marche des troupes étrangères, et reconstruit en 1819.

Il n'offre rien de remarquable que sa longueur extraordinaire et son peu de largeur. Il traverse deux fortes branches de la Seine.

La route que nous trouvons à la suite du pont a été exhaussée depuis plusieurs années, afin de l'élever au-dessus des eaux, lors des débordements de la Seine; elle conduit à Nanterre, que nous traverserons pour reprendre les voitures de Saint-Germain à Paris.

FIN.

TABLE

DES

LIEUX REMARQUABLES

DONT IL EST QUESTION DANS CET OUVRAGE.

ITINÉRAIRE DE LA ROUTE PAR RUEL.

	Pages.
Arc de triomphe de l'Étoile.	6
Bois de Boulogne.	10
Bagatelle.	13
Sablonville.	16
Neuilly.	18
Carrefour ou Étoile de Courbevoie.	25
Chant-de-Coq.	26
Nanterre.	27
Ruel.	36
Malmaison.	43
La Jonchère.	48
La Chaussée.	49
Bougival.	51
Machine de Marly.—Pompe à feu.	54
Luciennes.—Les aqueducs.	57

	Pages.
Bas-Prunay.	59
Port-Marly.	Ib.

SAINT-GERMAIN-EN-LAYE.

Notice historique.	61
Topographie.	72
Manége couvert.	80
Écuries du roi.	82
Abreuvoir.	83
Caserne de cavalerie.	84
Grandes Écuries.	85
Couvent de la Nativité de la Vierge.	86
Ancien Collége.	88
Vieil Hôpital.	89
Marché aux porcs.	91
Marché aux fruits et légumes.	94
Halle aux grains et farines.	96
Cimetière vieux.	98
Cimetière nouveau.	100
Hospice royal.	104
Chapelle de l'Hospice.	109
Institution des Dames de Saint-Thomas-de-Ville-Neuve.	111
Bâtiment dit la *Congrégation des Hommes*.	119
Prison.	120
Église paroissiale.	122
Ancien Jeu de Paume.	139
Château-Vieux.	140
Ruines du Château-Neuf.	172
Parterre.	195
Terrasse.	199

	Pages.
Forêt.	202
Château du Val.	211
Maisons.	218
Pavillon de la Muette.	223
Faisanderie.	226
Les Loges.	228
Hôtel de Noailles.	247
Hôtel de la Mairie.	249
Salle de spectacle.	Ib.

ITINÉRAIRE DE LA ROUTE DE SAINT-GERMAIN A NANTERRE, PAR CHATOU.

Le Pecq.	251
Bois du Vésinet.	260
Chatou.	263

FIN DE LA TABLE.

ON TROUVE CHEZ LE MÊME LIBRAIRE :

Carte de la forêt de Saint-Germain, dressée par Perrot, et gravée par P. Tardieu; une feuille de grand-raisin.   5 fr. » c.
— Autre, dite *du Promeneur*, dressée par Manget, et gravée par Malo.   2 fr. 25 c.
Carte du bois du Vésinet.   1 fr. 25 c.
Plan de la ville de Saint-Germain.   1 fr. » c.
Collection de douze vignettes représentant des vues de Saint-Germain et des environs.   4 fr. » c.

HISTOIRE DE LA VILLE ET DU CHATEAU DE SAINT-GERMAIN-EN-LAYE, suivie de recherches historiques sur les dix autres communes du canton ; 1 fort volume in-8°, orné de douze jolies vignettes et de trois cartes.   12 fr. » c.
— La même, sans vignettes.   7 fr. » c.

Les principaux journaux de la Capitale s'expriment ainsi, en rendant compte de cet ouvrage.

(*Constitutionnel du* 18 *novembre* 1829.) — Le public, qui a reçu avec tant de faveur les Histoires de Paris et de Versailles, ne manquera pas, sans doute, de faire le même accueil à celle de Saint-Germain-en-Laye, qui en est le complément indispensable. Cette ville, en effet, a partagé long-temps avec les deux autres le privilége de posséder la cour, et il faudrait faire la liste de tous les rois de France qui se sont succédé depuis Robert-le-Pieux jusqu'à Louis XIV, si l'on voulait nommer les souverains qui l'ont successivement habitée. Ces considérations sommaires peuvent d'abord faire juger de son importance historique, et l'ouvrage que nous annonçons y ajoute considérablement, par le nombre de faits curieux et peu connus qu'il renferme. Certes, il est aisé de voir que l'auteur n'a rien négligé pour que l'on y trouvât à la fois profit et plaisir. Il a tout visité : ruines, châteaux, églises, monuments publics et particuliers. Il a tout compulsé : histoire, chartes, ordonnances, mémoires, décisions municipales. Il n'a pas même dédaigné les traditions populaires; et ces divers matériaux, fondus avec art dans son livre, lui donnent un intérêt dont il est difficile de se faire une idée, à moins de l'avoir lu.

Il faut convenir aussi que rien n'est plus dramatique que la série des événements, tantôt terribles, tantôt bizarres, mais toujours intéressants, qui se sont passés à Saint-Germain dans l'intervalle de huit cents ans. Ainsi, en 1015, le roi Robert fonde, au milieu de la forêt d'Iveline, un couvent autour duquel se groupent d'abord quelques cabanes de bûcherons. Bientôt ce misérable village, devenu résidence royale, sera témoin de l'entrevue de Henri Plantagenet et de Louis-le-

Jeune; du traité de saint Louis avec Beaudoin, empereur de Constantinople; de l'invasion des Anglais, du combat judiciaire de Jarnac et de la Châtaigneraie; des préparatifs du colloque de Poissy; de la paix de 1562, funeste avant-coureur de la Saint-Barthélemy; des amours de Henri IV; de la naissance de Henri II, de Charles IX, et de Louis XIV; et enfin, de la vie et de la mort de Jacques II, dont les jésuites ont fait un saint, tandis que la postérité en faisait un sot.

Mais ces événements importants ne sont pas les seuls que l'auteur déroule à nos yeux. Il s'est occupé aussi avec beaucoup de soin de l'histoire particulière de la ville, et s'est attaché, dans une série d'articles biographiques fort remarquables, à nous faire connaître les hommes qui l'ont illustrée. Il donne des détails très curieux sur l'administration municipale, sur les prisons, les hôpitaux, les maisons d'éducation, les édifices, et enfin sur la statistique des lieux; ce qui rend son livre également utile aux savants, aux gens de lettres, aux étrangers et aux habitants de la capitale, qui prennent souvent Saint-Germain pour but de leurs promenades.

L'auteur de cet ouvrage a orné son livre de douze jolies vignettes et de trois cartes, qui ajoutent au mérite déjà connu de MM. Boisseau, Dureau, et Malo. La carte de la forêt de Saint-Germain doit être particulièrement remarquée comme un chef-d'œuvre en ce genre. Enfin, abstraction faite du haut intérêt que présente le texte, l'ouviage sera encore recherché par les amateurs de gravures.

(*Courrier des Tribunaux du 23-24 novembre.*) — Depuis que les rois de France se sont définitivement fixés à Paris, l'histoire de cette ville et celle des cités qui l'environnent sont devenues d'un tel intérêt, elles contiennent tant de faits intéressants et peu connus, elles ont servi si souvent à éclaircir les points obscurs de notre histoire générale, qu'elles peuvent en être considérées comme l'indispensable complément. Aussi le public, juge suprême en pareille matière, a-t-il fait l'accueil le plus distingué aux recherches sur Paris de M. Dulaure, et à la description de Versailles de M. Vaisse de Villiers. Toutefois Paris et Versailles ne sont pas les seules villes qui présentent un intérêt éminemment historique : Saint-Germain, fameux par les traités qui ont été signés dans ses murs, par les édits qui y ont été rendus, par les assemblées générales qui s'y sont tenues, par les grands événements qui s'y sont préparés ou accomplis, par la naissance, le séjour, et la mort de tant de rois, Saint-Germain méritait bien de trouver à son tour un historien, et je crois qu'il était difficile d'en rencontrer un plus exact, plus consciencieux, je dirai même plus maître de son sujet, que celui qui s'est chargé de cette tâche. Mais ce que je puis faire de mieux est de laisser au public le soin de juger un ouvrage où l'on trouve à la fois style, érudition, et intérêt. Je terminerai seulement par une réflexion dont personne, je pense, ne contestera la justesse : c'est qu'indépendamment du mérite très réel d'exécution, ces histoires particulières sont une source féconde d'utilité et d'agréments. C'est par leur moyen que la capitale et ses environs se changent en un véritable panorama moral et politique, où les souvenirs se pressent de toute part, et dont le promeneur peut tirer les rapprochements les plus piquants : manière simple et agréable de s'instruire et d'arriver à la connaissance du présent par l'examen du passé.

Après ceux qui font de bons livres, nous autres *consommateurs* nous estimons particulièrement ceux qui les impriment avec soin ; le public apprendra donc avec un véritable plaisir que l'auteur et l'imprimeur de l'histoire de Saint-Germain sont une seule et même personne, qui court à la fois la carrière de la littérature et de la typographie. Nous avons même remarqué que plusieurs des charmantes gravures qui ornent son ouvrage sont dues à son crayon, qui a été secondé par le talent remarquable de MM. Dureau, Boisseau, et Malo.

(*La Pandore du 20 avril 1830.*) — Bossuet disait au dix-septième siècle : « L'histoire est « indispensable à un prince, et nécessaire à « tout honnête homme ; mais nécessaire surtout « pour ne pas parler des Perses vaincus sous « Alexandre comme on parle des Perses victo- « rieux sous Cyrus. » C'était alors une simple affaire de bon ton et de convenance, et l'on lisait Tacite, comme on apprend aujourd'hui à danser.

Dans le siècle suivant, Voltaire voulut populariser l'histoire : il la fit entrer dans ses tragédies, dans ses contes, dans ses romans, dans ses satires. Mais le cercle des lecteurs était encore bien restreint : c'étaient les philosophes, les savants, les hommes de cour, les financiers. Il a fallu les grands événements de 1789 pour inviter les masses aux connaissances historiques en même temps qu'elles ont dû prendre part au gouvernement de leurs propres affaires.

Ainsi ce goût est né de nos institutions, et par une heureuse réciprocité, il paraît destiné à réagir puissamment sur elles. Pleine de ce caractère grave que nos formes politiques impriment à tout ce qui tient à elles, l'histoire n'est plus aujourd'hui une récréation, mais un enseignement. Nous avons une charte à commenter, des lois municipales à faire, des droits à défendre, des devoirs à remplir; la science du passé nous apprend ce que nous avons à craindre et à espérer du pouvoir, ce que nous avons gagné, ce que nous avons perdu, ce qui nous reste à détruire et à reconquérir.

L'étude de nos chartes communales, des faits locaux, des traditions, des chroniques, nous est surtout recommandée par les hommes supérieurs qui, comme M. Thierry, ont consacré tout ce qu'ils ont de vie et de force à fonder parmi nous les premiers monuments d'une nouvelle école historique. De ce faisceau de matériaux divers doit s'élever quelque jour le gigantesque édifice de l'histoire de France, œuvre tellement immense que notre siècle aura assez fait pour sa gloire, s'il la voit naître.

Parmi quelques essais partiels, en voici un qui mérite une mention particulière, tant est consciencieuse et éclairée la manière de l'auteur. M. A. Goujon vient de mettre au jour l'*Histoire de la ville et du château de Saint-Germain-en-Laye*. Le public a accueilli cet ouvrage avec une faveur signalée. On sait assez vaguement que cette ville a été le théâtre d'un grand nombre d'événements intéressants, qu'elle a été le séjour de la plupart de nos rois, qu'on y a rédigé des édits, fait des alliances, et conclu des traités; mais il est difficile de se figurer combien son histoire particulière sert à éclaircir les points obscurs de l'histoire de la troisième race. En 1015, Robert-le-Pieux fonde sur les hauteurs qui couronnent le village d'Aupecq un couvent sous l'invocation de Saint-Germain. Quelques années après, de pauvres bûcherons s'établissent autour du monastère. En 1125, Louis VI y élève un château-fort dont on peut voir dans l'ouvrage la description toute pittoresque. En 1158, Louis VII y fait la paix avec Henri II d'Angleterre. Philippe-Auguste et Louis-le-Lion, son fils, viennent souvent l'habiter, et Louis XI y fait de fréquents séjours.

C'est de là que ce dernier roi rendit plusieurs édits fort sages qui, grâce à la noblesse, ne purent recevoir d'exécution. En 1260, il voulut abolir les duels judiciaires. Les seigneurs *laïques et ecclésiastiques* le traitèrent de *bigot*, de *papelard*, de *béguin*, de *tyran*, de *parjure*, et combattirent avec tant de force pour le maintien de cette coutume sauvage, qu'elle ne fut abandonnée que trois cents ans plus tard. En 1225, il voulut aussi inutilement proscrire une coutume plus sauvage encore, le droit de prise, c'est-à-dire le droit que s'arrogeaient les seigneurs, dans les voyages du roi, de prendre chez les particuliers ce qui était à leur convenance. L'auteur aurait pu ajouter que Louis-le-Hutin, Philippe-de-Valois, Jean-le-Bon, Charles V, et Charles VI, firent à ce sujet de nouveaux efforts que la cupidité des gens de cour rendit toujours inutiles.

Presque tous les Capétiens ont habité Saint-Germain. Ce séjour fut surtout affectionné par cette seconde branche des Valois, si galante, si brillante, et si malheureuse, qui commence à François Ier et finit à Henri III : après eux, Henri IV, Louis XIII, et Louis XIV. Enfin, le dernier souverain qui s'y soit fixé est cet infortuné Jacques II, qui fut précipité du trône « pour avoir écouté les conseils des jésuites, levé illégalement des impôts, et manifesté l'intention de se passer des chambres. » On connaît la révolution de 1688. Deux ans après, le monarque détrôné essaya de soulever l'Irlande, mais il fut battu à la Boyne et contraint de revenir en France, où il tomba bientôt dans le mépris. L'archevêque de Reims disait, en le montrant : « Voilà un bon homme qui a quitté trois royaumes pour une messe. » Il passait son temps à toucher les écrouelles, à disputer avec des moines, et à visiter les révérends pères qui se l'étaient affilié.

Outre la partie historique, philosophique, et biographique, cet ouvrage contient encore des détails de topographie fort exacts ; il est orné de gravures charmantes et de trois belles cartes. La liste des souscripteurs, placée à la fin du dernier volume, paraît contenir les noms de toutes les notabilités de Saint-Germain, sauf cependant ceux du maire et de ses conseillers municipaux, en sorte que ces magistrats populaires sont condamnés à ignorer éternellement l'histoire de leurs administrés et de leur commune; à moins que l'auteur, par excès de politesse et par un désintéressement tout patriotique, ne se décide à leur faire cadeau d'un exemplaire.

Allons, Parisiens, voici l'instant où vous allez chercher à Saint-Germain du repos, un air pur, des sites riants, et de beaux ombrages : munissez-vous de l'histoire de cette ville, et si vous n'avez point sous votre bras un bras blanc et potelé, vous ne serez point seuls dans la vaste forêt : Les loges, le château, les vieux arbres, vous raconteront bien des histoires.

Vous verrez passer autour de vous de grandes ombres, des haquenées d'Espagne, de belles damoiselles, des hommes d'armes et des rois coureurs d'aventures, et vous reprendrez, le soir, la route de Paris, la tête pleine de souvenirs historiques et de traditions chevaleresques.

(*Figaro du 8 juin* 1836.) — Pour lire l'histoire, il faut avoir une robe de chambre à fleurs jaunes, six fauteuils au moins, la goutte, et dix mille livres de rente. Lorsque Bossuet disait en robe noire et en bonnet carré : « Indispensable à un prince, l'histoire est nécessaire à tout honnête homme ; » j'aurais bien voulu qu'il expliquât quelle histoire il importe le plus de connaître. Car, avec la meilleure intention de savoir les faits et gestes de tous les rois, mages, satrapes, pharaons, autocrates, empereurs, qui ont régné sur la terre, il ne m'a pas été donné une vie assez longue pour parvenir à cette connaissance. Or donc, si, pour être honnête homme, on doit posséder cette fastidieuse instruction, il y a beaucoup de fripons parmi nous. Je ne veux pas discuter ici jusqu'à quel point il est utile de savoir tous les princes, que nous, pauvres humains, nous avons possédés, ou qui nous ont possédés depuis Smerdis. Vous importe-t-il beaucoup d'apprendre avant de vous coucher combien il y a eu de rois mèdes, perses, et babyloniens ? Pour être bon magistrat, médecin habile, guerrier expérimenté, faudra-t-il sécher sur Xénophon, Thucydide, ou Diodore de Sicile ? Orgueil de l'esprit humain que ces prétentions à tout savoir ; appétit déréglé qui énerve les facultés de l'intelligence en les surchargeant de mots, de dates, et de poussière ; science fétide qui ne corrige pas, qui n'instruit point.

Que si vous me parlez de cette histoire comme l'ont faite et comme la font les Barante, les Chateaubriand, les Walter Scott ; de cette histoire vive comme les peuples, meublée comme un appartement : voilà celle que je lirai, que je mettrai sur ma table de nuit, que je porterai en voyage, que je lirai au bain.

Celle qui nous a fourni le sujet de cet article, nous la donnons pour instructive, puisqu'elle n'a à s'occuper que de rois, d'ordonnances, de traités de paix, et d'édits bursaux; pour curieuse, puisque c'est celle de Saint-Germain, de son parc, de ses tourelles. Là s'est assis Louis VI; dans cette allée, Louis VII fit la paix avec Henri II d'Angleterre; cette branche de chêne a plié sous l'armure de Philippe-Auguste; celle-ci a prêté son ombrage à Louis IX lorsqu'il méditait l'abolition des duels judiciaires et du droit de prise. Entendez-vous le choc des tournois, la proclamation des devises, la voix des hérauts d'armes? C'est la cour des Valois; ils sont encore sous ces arbres. Voyez : François I*er* baisse sa tête pour passer sous ces allées, et Henri III s'est couché sur le gazon en devisant avec Saint-Maigrin et Joyeuse; puis le bon roi, le roi du Pont-Neuf, Henri IV; enfin Louis XIII et Louis XIV; et après tout, le silence, l'herbe qui croît dans les rues, le parc que personne ne parcourt, les faisans que personne ne mange. Je vous ai dit Saint-Germain.

L'histoire de Saint-Germain contient des observations pleines de sens sur les établissements civils et militaires, sur l'administration municipale, sur l'instruction publique, les prisons, et les hôpitaux. Douze gravures et trois cartes habilement exécutées sont jointes à cette publication.

(*Journal des Débats du* 10 *septembre* 1831.) — Quelque monastère dont on avait eu à choisir l'emplacement dans le plus riant et le plus commode de la contrée déserte; les chaumières de vilains, ce qu'il en fallait pour cultiver les terres, paître le bétail, soigner la basse-cour, percevoir les dîmes, et sonner les cloches des bons pères; çà et là, la maison des champs de quelqu'un des plus avisés bourgeois de la cité prochaine, qu'attirait le voisinage de l'abbaye, dans un temps où les moines étaient la bonne compagnie par excellence, les seuls d'entre nous qui sussent lire, converser, faire tolérable chère, et passer doucement la vie; puis, déjà pour cette petite population, une église paroissiale, ensemble le presbytère du desservant à portion congrue, un prétoire, une geôle, des fourches patibulaires, et des gens de loi pour l'exercice de la justice abbatiale; une hôtellerie et une halle au service des marchands forains, la demeure du tabellion, la boutique du barbier, etc., tels furent l'origine et les commencements de la plupart de nos vieilles bourgades; ainsi avait commencé avec le onzième siècle, et telle était encore au commencement du douzième, la ville de Saint-Germain-en-Laye, par quoi il faut entendre, suivant les étymologistes les moins déraisonnables, Saint-Germain dans la forêt. Jusque-là ce n'eût été matière à bien longue histoire.

Mais le roi Louis-le-Gros, vers l'an 1125, ayant avisé de bâtir un château en ce lieu, lequel est demeuré depuis lors, jusqu'au temps de Louis XIV, une résidence royale d'où sont datés nombre de chartes, d'édits, d'ordonnances, de lettres patentes, et de lettres de cachet, où furent baptisés, mariés, enterrés nombre de princes et de princesses qui, entre temps, firent bruit dans le monde; toutes choses qui se peuvent fort bien raconter à propos de Saint-Germain-en-Laye: l'historien loin d'être à court n'a que l'embarras du choix. Pour lui la difficulté n'est plus de ne savoir que dire, mais de ne pas abuser de l'abondance de son sujet. Or, l'auteur nous semble s'être tiré de cet embarras aussi heureusement qu'on le pouvait faire. Quelques monuments des plus singuliers de la législation et des mœurs du vieux temps, quelques aventures sérieuses ou plaisantes de la cour de France, qu'on ne saurait plus retrouver qu'à grand'peine et grand ennui dans les vieilles chroniques ou les longs ouvrages des compilateurs d'anecdotes, rehaussent merveilleusement dans son livre l'importance des fastes domestiques de la petite ville, et font agréablement diversion à l'histoire des rues, des églises, des fontaines, et du château, objet principal de son ouvrage, que l'auteur ne perd pas de vue.

Quant au vieux château de Louis-le-Gros, il n'en restait déjà presque plus rien, lorsque, sur ses ruines, Charles V *moult fist réédifier notablement le castel de Saint-Germain-en-Laye*, lequel fut à son tour si bien enveloppé dans les constructions nouvelles et plus magnifiques dont l'agrandit François I*er*, qu'à peine il en demeure trace.

Enfin Louis XIV apporta là aussi son tribut ; et cette fois, honneur, honneur bien rare à l'architecte ! ces additions sont exactement du même style que le corps de l'édifice ; on ne les distingue qu'au choix meilleur des matériaux et à un plus bel appareil.

Cet assemblage de constructions de divers âges, et qui ressemble assez bien au Windsor des rois d'Angleterre, offre l'aspect d'un palais-forteresse, imposant encore aujourd'hui par sa masse : c'est, sur un plan irrégulier pentagone, à côtés inégaux, d'environ 300 toises de développement, une élévation composée de cinq façades, flanquées aux angles d'avant-corps à pans coupés, sur les errements sans doute des courtines et des tours du château de Louis-le-Gros et de Charles V, présentant au-dessus de l'escarpe du fossé un étage soubassement en pierre surmonté de deux étages ornés de bossages en brique, lesquels figurent sur le nu du mur des pilastres, des archivoltes, des frontons, etc. A l'intérieur, une cour, de même irrégulière et entourée d'un portique, rappelle plus heureusement encore l'architecture et le mode de construction des édifices du seizième siècle.

De son côté, Henri IV qui, comme François I*er*, comme Louis XIV, comme tous les rois doués de l'amour des arts et de la gloire, se plaisait à bâtir, avait construit à deux cents pas environ du vieux manoir un palais moins vaste, mais plus régulier, d'une autre sorte de magnificence, et beaucoup mieux situé sur la croupe de la colline, en vue de la rivière. Ce fut ce qu'on appelait le château-Neuf de Saint-Germain, qui, comme tant d'autres de nos monuments de France, n'a jamais été complétement achevé, et dont il ne reste aujourd'hui que des décombres, et les souvenirs qu'y ont attachés la naissance de Louis XIV et l'asile donné aux Stuarts, postérité aussi de Henri IV dès-lors détrônée.

Selon ce que nous en pouvons connaître par les descriptions et les vues perspectives, documents toujours si incertains et si vagues, le château neuf de Saint-Germain était comme le palais du Luxembourg, comme les Tuileries de Marie de Médicis, dans le goût de cette architecture toscane, aux plans larges et élégants et aux élévations un peu lourdes, appesanties encore chez nous par la surcharge du comble gaulois. L'élévation de la principale façade, sur une ligne de quatre-vingts toises, ne consistait qu'en un seul étage rez-de-chaussée, mais qui avait pour soubassement un double étage de terrasse de l'un à l'autre desquels on circulait par des rampes sur arcades formant un triple portique, le tout en regard de l'un des plus beaux points de vue de France. Ce devait être une demeure charmante, mais qui ne comportait que deux appartements de médiocre étendue et avait plus d'élégance que de grandeur. Louis XIV, sitôt qu'il se sentit lui-même, revint donc loger dans le vieux château, en attendant qu'il se fût fait à Versailles une habitation à sa mesure, si l'on peut dire ainsi.

Le château-neuf, dont personne, dès-lors ne se soucia, dut bientôt tomber en ruines. Il n'en reste aujourd'hui que deux petits pavillons isolés, au milieu des vignes et des champs qui ont recouvert l'emplacement des terrasses et des jardins.

Quant au château-vieux, ses intérieurs, en l'état où les a laissés la cour naissante de Louis XIV, sont à présent loin, bien loin de répondre à l'idée que Versailles nous a faite d'une demeure royale; jusque-là, qu'au silence et à la solitude qui s'en sont emparés, il est facile de juger qu'à moins de grandes dépenses peu de gens, même parmi les particuliers, s'y trouveraient de nos jours confortablement logés.

Heureusement l'existence de Saint-Germain n'était pas, comme celle de Versailles, toute dépendante de la résidence royale. Nous voyons, par les documents consignés dans l'ouvrage, que la population de la ville de Saint-Germain est encore aujourd'hui la même à peu près qu'en 1680, époque à laquelle Louis XIV transporta définitivement sa cour à Versailles.

C'est qu'il y avait, et qu'il est resté à S.-Germain des éléments d'un commerce et d'une industrie qui, sans être d'une grande étendue, suffisent à l'activité de ses habitants; c'est que l'air qu'on y respire est renommé pour sa salubrité, et que les gens qu'on y rencontre, particulièrement les vieillards, ont en général une apparence de santé fort attrayante; il semble qu'il ne faille qu'aller là pour se bien porter et vivre long-temps. Rien aussi de plus doux au marcher, de plus riant à l'imagination, de plus récréatif pour les yeux, que la pelouse du parterre, le quinconce et ses magnifiques allées, les percés et l'ombrage de la forêt, la fameuse terrasse construite par Le Nostre, et de ce point, comme à vue d'oiseau, le cours de la Seine et ses îles verdoyantes; le bois du Vésinet et la plaine riante dont il est le bocage; puis, à l'horizon, les hauteurs capricieuses du bassin de la Seine au sortir de Paris, et cet aqueduc de Marly si pittoresquement différent des autres, resserrés qu'ils sont entre les coteaux de la vallée qui les rétrécit dans le sens inverse de leur hauteur, tandis que, seul entre tous, je pense, assis sur sa large base, flanqué de ses deux châteaux-d'eau, il domine les plateaux, exhausse le sommet lui-même de la montagne, et, supérieur aux brouillards, dessine en pleine lumière ses arcades sur l'azur du ciel.

L'auteur porte la population actuelle de Saint-Germain à neuf mille individus, sur lesquels il compte environ deux cents octogénaires. D'un autre de ses tableaux statistiques, on peut induire que la population variable qui résulte du concours des marchands forains, des voyageurs, des promeneurs, accroît considérablement cette population fixe de neuf mille ames, et aussi vraisemblablement que l'habitant de Saint-Germain, en général, se nourrit bien. La consom-

.mation, constatée par les registres des octrois, en vin, bière, et eaux-de-vie, dépasse *vingt-cinq mille hectolitres*; ce qui donnerait par individu, sur le pied de *neuf mille*, plus que le double de la consommation de l'habitant de Paris. Il en est de même, à peu près, en ce qui concerne la viande de boucherie.

Remarquons encore qu'une suite de notices biographiques insérées là, sans autre motif que de faire connaître les personnages plus ou moins notables qui ont pris naissance ou qui sont morts à Saint-Germain, vient à l'appui de l'opinion que le séjour de cette ville est singulièrement favorable aux vieillards. De ces personnages, au nombre de trente-quatre, dont l'auteur a relevé les actes de décès, dix sont morts plus qu'octogénaires, et cinq avaient atteint ou dépassé quatre-vingt-cinq ans.

Enfin, aux récits historiques, à la description des lieux, et à ces recherches statistiques, partie positive de son savant et consciencieux ouvrage, l'auteur a ajouté de judicieuses réflexions et des avis sages, ce nous semble, sur ce qu'il y aurait encore à faire sous le rapport de la police, de l'administration, et en travaux d'arts, pour compléter le bien-être de Saint-Germain. De notre côté, ne terminons pas cet article sans recommander ces avis et ces réflexions à l'attention des autorités locales et du gouvernement général, auxquels seuls il est donné de les pouvoir mettre à profit. M. B.

www.ingramcontent.com/pod-product-compliance
Lightning Source LLC
Chambersburg PA
CBHW070541160426
43199CB00014B/2328